COCKTAIL BUCH

Das große 2 in 1 Buch

Die besten Cocktail- und Gin Rezepte zum selber mixen

inkl. Cocktailrezepte mit und ohne Alkohol

1. Auflage

INHALTSVERZEICHNIS

Vorwort 10

Die Entstehungsgeschichte des Cocktails 12

Die richtige Ausstattung für gelungene Cocktail-Abende 15

Reinigung der Ausstattung: 17

Welche Arten von Cocktail-Gläsern gibt es? 19

Welche verschiedenen Arten von Cocktails gibt es? 21

Worauf ist bei der Zubereitung mit einem Shaker zu achten? 24

Cocktails mit Wodka 27

Bloody Mary 27

Cosmopolitan 28

Screwdriver 29

White Russian 30

Black Russian 31

Moscow Mule 32

Sex on the Beach 33

Touch Down 34

Swimming Pool 35

Blue Lagoon 36

Wodka Sunrise 37

Blue Hawai 38

Kamikaze 39

Madras 40

Cairo Cocktail 41

Wodka Collins 42

Cocktails mit Rum **43**

Daiquiri 43
Mojito 44
Cuba Libre 45
Pina Colada 46
Mai Tai 47
B52 48
Planter`s Punch 49
Zombie 50
Hurricane 51
Bahama Mama 52
Sunny Side 53
Painkiller 54
Sweet Tempation 55
Snow White 56
Grüne Frische 57
Santa Muerte 58
Old Cuban 59

Cocktails mit Whisky **60**

Whisky Sour 60
Old Fashioned 61
Mint Julep 62
Irish Coffee 63
Rob Roy 64
Morning Dew 65
Amber Moon 66
Boston Ward 8 67
Colnel Collins 68
Highball 69

Cocktails mit Gin **70**

Dry Martini 70

Gin Fizz 71
Negroni 72
Pink Lady 73
Gin & Coffee 74
Gin & Tonic 75
Vesper 76
Aviation 77
Clover Club 78
Gin Julep 79
Blueberry Buck 80
Gin Basil Smash 81

Cocktails mit Tequila 82

Margarita 82
Tequila Sunrise 83
The Monroe 84
Zorro 85
Tequila Sour 86
Eldorado 87
Tequila Sunset 88
Blue Ocean 89
Latin Lover 90
Green Poison 91

Cocktails Sparkling 92

Champagne Cocktail 92
Mimosa 93
Kir Royal 94
Bellini 95
Champagner-Flip 96
Ritz 97
French 75 98
Air Mail 99

Sparkling Sensation 100
Aperol Royal 101
Rote Perle 102

Cocktails Special 103

Caipirinha 103
Long Island Ice Tea 104
Electric Ice Tea 105
R.I.P. 106
Blond Angel 107
Darth Vader 108
Hellfire 109
Adios Motherfucker 110
Death in the Afternoon 111
Waikiki Beachcomber 112
Singapore Sling 113

Alkoholfreie Cocktails für Kinder 114

Summer Cooler 114
Speedy 115
Himbeer-Kokos-Cocktail 116
Ipanema 117
Mint Tonic 118
Famicolada 119
Strawberry Kiss 120
Sonnenaufgang 121
Kleiner Hugo 122
Vampirella 123
Tropical Spirit 124
Rainbow Cocktail 125
Die Eiskönigin 126

DAS GROSSE GIN BUCH 127

Eine kurze Geschichte des Gins 130

Das kleine Gin ABC 132
Die Herstellung des Gins 134
Die verschiedenen Gin Sorten 136
Fauxpas - Das sollten Gin Trinker unbedingt vermeiden! 138
Der kleine Einkaufsberater 142
Die perfekte Ausstattung 144
Die Rezepte Die Gin Klassiker 146
Gin Tonic 146
Dry Martini 147
Dirty Martini 148
Paradise 149
Gimlet 150
Bees Knees 151
Pink Gin 152
Aviation 153
Negroni 154
Corpse Reviever No. 2 155
Red Snapper 156
White Lady (oder Delilah) 157
Pink Lady 158
Monkey Gland 159
Clover Club 160
Schnelle Rezepte 161
Bronx 161
Wodka Gin Limette 162
Erdbeer Gin & Tonic 163
Salty Dog 164
Tuxedo 165
Vesper 166
Gin Alexander 167
Gin Sour 168

Hanky Panky 169
Gibson 170

Frische Rezepte 171

Gin Fizz 171
Optimist 172
Blueberry Gin & Tonic 173
Raspberry Thyme Smash 174
Orange Blossom 175
Gin Rickey 176
Bramble 177
Gin Buck 178
Cucumber Mint Gin Fizz 179
Watermelon Gin & Tonic 180

Exotische Rezepte 181

Banana Flip 181
Tropical Orange 182
Golden Dawn 183
Mango Gin 184
Jungle Juice 185
Park Avenue Martini 186
Green Dragon 187
Coconut Gin & Tonic 188
Blue Blooded 189
Seven Seas 190

Newcomer Rezepte 191

Lord Bull 191
Frozen Gin Tonic 192
Gin Gin Mule 193
Gin Basil Smash 194
Breakfast Martini 195
Soho Sling 196

Ginger Rogers 197
Five A Day 198
Mr. Pink 199
Frozemary 200
Rezepte aus der Heimat 201
Schwarzwald Säuerling 201
Glüh Gin 202
Munich Mule 203
Grüner Apfel Gin 204
Grassnost 205
Spritzige Rezepte 206
Mc Fly 206
Ginny 207
Tom Collins 208
Beverly Hills Iced Tea 209
Moulin Rouge 210
French 75 211
Southside Royal 212
Royal Orange Blossom 213
Gin Sling 214
Fireball 215
Rezepte aus aller Welt 216
Singapore Sling 216
Havana Nights 217
London Fog 218
London Fog Cutter 219
Bologna 220
Long Island Ice Tea 221
Hawaiian Orange Blossom 222
Floradora 223
New Orleans Fizz 224

Bombay Crushed 225
Boston Tea Party 226
Saketini 227
Alabama Slammer 228
Lychee Martini 229
Florida Sling 230
Zum guten Schluss... 231
Impressum 232

Vorwort

Liebe Leser, liebe Leserinnen

auf den nachfolgenden Seiten möchte ich Ihnen zeigen, wie einfach Sie schmackhafte Cocktails zu Hause, in der eigenen Küche oder im Party-Keller zubereiten. Dazu müssen Sie keine gastronomische Ausbildung oder besondere Vorkenntnisse mitbringen. Mit der richtigen Anleitung und einer guten Ausstattung kann jeder Cocktails mixen wie ein Profi. Schütteln Sie sich Cocktails vom Gin Fizz bis zum Caipirinha sprichwörtlich aus dem Handgelenk und verblüffen Sie Ihre Gäste beim nächsten Partyabend mit einem hausgemachten Cocktail. Das Buch, das Sie in den Händen halten, ist also weitaus mehr als ein simples Kochbuch. Sie möchten eine Hausbar einrichten und suchen noch einen professionellen Ratgeber? Dann finden Sie hier wertvolle Tipps für die passende gastronomische Ausstattung, sowie Hinweise zur fachgerechten Wartung und Reinigung des benötigten Equipments. Ob in der Bar oder in der heimischen Küche, mit diesem Handbuch haben Sie immer die perfekte Literatur griffbereit. Als erfahrener Barmann vermittle ich Ihnen in einfachen Schritten die Grundlagen für die Cocktail-Zubereitung und unterstütze Sie mit umfangreichen Fachwissen zu Getränkekunde und Geschichte. Cocktails mixen ist nicht schwer. Nutzen Sie dieses Buch, um gemeinsam mit Freunden einen lustigen Cocktailabend zu veranstalten. Probieren Sie neue Rezepte aus und lernen Sie mit Freude und Spaß die bunte Kunst des Cocktail-Mixens. Nicht nur Anfänger finden hier tolle Praxisanleitungen für den ersten Cocktail zu Hause. Auch Fortgeschrittene und Profis profitieren von diesem professionellen Regelwerk mit 100 Rezepten nach internationalem Standard.

Erhalten Sie wertvolle Praxistipps von der Wahl der richtigen Ausstattung bis zur dekorativen Ausgestaltung des Getränks. Lernen Sie die Unterschiede der Drinkkategorien, wie Long- und Shortdrinks kennen und servieren Sie zu jeder Gelegenheit Before- und After-Dinner-Drinks in den passenden Gläsern. Glänzen Sie mit Ihrem neu erworbenem Fähigkeiten und zaubern Sie Cocktails, die genauso lecker schmecken, wie in einer Bar. Stöbern Sie in der großen Vielfalt an Rezepten. Da ist für jeden Geschmack der passende Cocktail dabei. Dank der genauen Auflistung der Ingredienzien, können Sie dabei nichts falsch machen. Dieses Buch begleitet Sie Schritt für Schritt bei der Zubereitung Ihres ersten Cocktails. Die Vorfreude auf das kommende Erlebnis beginnt bereits beim Einkauf der Zutaten und dem passenden Zubehör. Bereiten Sie Ihren Shaker für den ersten Einsatz vor und verwenden Sie hochwertige Produkte für ein besonders leckeres Ergebnis. Probieren Sie mit Stolz Ihren ersten selbstgemachten Cocktail. Ich wünsche Ihnen nun viel Vergnügen beim Lernen und Ausprobieren!

Die Entstehungsgeschichte des Cocktails

Um die Begrifflichkeit „Cocktail" ranken sich unzählige Sagen, Geschichten und Legenden. Der Terminus selbst trat das erste Mal im 18. Jahrhundert in Erscheinung. Er bedeutet übersetzt soviel wie „Hahnenschwanz". Gerüchten zufolge soll sich der Ausdruck auf die Hahnenkämpfe beziehen, welche der Sieger mit bunten Schwanzfedern auf einem Drink „on the Cock`s tail" feierte. Aber das ist nur eine von vielen Mutmaßungen. So bezieht sich die Herkunft des Ausdrucks in weiteren verbreiteten Theorien auf die bunte Färbung der ersten Cocktails, die Anrichtung in Eierbechern („coquetier") oder die Verzierung der alkoholischen Getränke mit Hahnenfedern.

Die ersten mit den heutigen Cocktails vergleichbaren alkoholischen Mischgetränke entstanden allerdings weit vor der eigentlichen Begrifflichkeit. Die Geschichte der Mixturen ist so alt wie die Geschichte des Alkohols selbst. Archäologen fanden bei Ausgrabungen in China der im Nahen Osten heraus, dass bereits unsere Vorfahren vor 12.000 Jahren ihre alkoholischen Getränke mit Honig, Früchten oder Kräutern verfeinerten. Das Aufkommen der Destillation sowie des Alambic trieb die Verbreitung der „Cocktails" weiter voran.

Die Wiege der Cocktails steht ganz klar in Nordamerika. Dort wurden die alkohollastigen Mischgetränke seit dem 18. Jahrhundert konsumiert. Gerüchten zufolge vermischte man damals bereits Spirituosen mit Milch oder Zitronensaft. Das Ergebnis wurde dann entweder morgens oder bei speziellen Anlässen wie beispielsweise Fuchsjagden oder Polospielen serviert.

Im frühen 19. Jahrhundert begann die große Ära der Cocktails in den USA. Die Gründe dafür waren von mannigfaltiger Natur. Fakt ist, dass die damals stattfindende Einwanderung die Geschichte der Cocktails massiv beeinflusste. Insbesondere die Europäer kamen nach Nordamerika – und mit ihnen neue Zutaten sowie eine ungewohnte Ess- und Trinkkultur. Diverse Spirituosen schafften ihren Weg in die „Neue Welt". Dieser Tatsachenbestand ebnete den Weg für ganz neue Mischungen und Mixturen. Des Weiteren bewirkte die rasante Bevölkerungszunahme die Bildungen von Städten, Siedlungen und somit auch Bars und Saloons. Man hatte nun eine Plattform, von wo aus man die alkoholischen Mixgetränke herstellen und „unter die Leute bringen" konnte. Es entstanden so viele neue Kreationen, dass man die Mischgetränke inzwischen katalogisieren und in vereinzelte Über- und Unterkategorien aufteilen konnte. Dies geschah durch den amerikanischen Barkeeper Jerry Thomas. Sein Werk "How to Mix Drinks, or the Bon Vivant`s Companion" gilt als der Urvater der Cocktailbücher und trieb den bahnbrechenden Erfolg der Mixgetränke weiter voran.

Das 20. Jahrhundert gilt als die Ära der Cocktails. Der Anfang war allerdings etwas holprig. Während der Prohibition in den USA konnte Alkohol nur illegal getrunken oder hergestellt werden. Hieraus resultierend wurden Cocktails nur noch hinter verschlossenen Türen oder im Untergrund getrunken.

Mit dem Ende der Prohibition begann der internationale Durchbruch des Cocktail. Die 50er Jahre waren die große Zeit der Mixgetränke. Sie wurden nun nicht mehr nur in den USA, sondern auch in Deutschland in unzähligen Bars konsumiert. Die Liebe zum Cocktail ist bis heute existent. In nahezu jedem Restaurant gibt es eine Vielzahl an alkoholischen und antialkoholischen Varianten. Tendenz steigend!

Die richtige Ausstattung für gelungene Cocktail-Abende

Das korrekte Mixen von leckeren Cocktails ist gelegentlich eine Wissenschaft für sich. In diversen Bars und Restaurants kann man beobachten, wie die vereinzelten Barkeeper bei der Zubereitung von Cocktails und Longdrinks mit einer Vielzahl an bekannten oder auch unbekannten Gerätschaften arbeiten müssen. Wer auch zu Hause nicht auf seine Lieblingscocktails verzichten möchte, der benötigt, neben den erforderlichen Zutaten, auch eine entsprechende Barausstattung. Im Folgenden möchten wir Ihnen vereinzelte Hilfsmittel vorstellen, die Ihnen beim Mixen von Cocktails unter Garantie gute Dienste leisten werden.

Shaker:

Ein Shaker ist eines der wichtigsten Werkzeuge eines guten Hobby-Barmanns und darf in keinem Cocktail-Haushalt fehlen. Das auch als Schüttelbecher oder Mixbecher bekannte Utensil erblickte in der zweiten Hälfte des 19. Jahrhunderts das Licht der Welt und ist aus den Bars und Hobbykellern nicht mehr wegzudenken. Aktuell verfügt der Markt über 3 verschiedenartige Typen. Diese wären namentlich der zweiteilige

Cocktail-Shaker (French Shaker), der dreiteilige Cocktail-Shaker (Cobbler Shaker) mit zusätzlichen Sieb und der Boston Shaker. Die primäre Aufgabe eines Shakers ist es, die flüssigen Zutaten wie beispielsweise Zitrussäfte, Sahne oder dickflüssige Alkoholitäten mit Eis zu vermengen. Dies geschieht durch ein kurzes aber kräftiges Schütteln.

Barsieb:

Das Barsieb kann auch als „Strainer“ oder „Abseiher“ bezeichnet werden. Der im 19. Jahrhundert entwickelte Artikel ist von signifikanter Relevanz bei der Herstellung von Cocktails. Er sorgt dafür, dass die Eiswürfel beim ausgießen im Shaker bleiben. Auch hier differenziert man zwischen dem geläufigen „Hawthorne Strainer“ und dem klassischen „Julep Strainer“.

Stößel (muddler):

Ein Stößel dient in erster Linie zur Zerkleinerung von Kräutern oder Gewürzen. Auch bei der Zubereitung von Cocktails bedient man sich eines Stößels. Der Gegenstand aus Holz oder Metall soll Zitrusscheiben, Früchte oder Minze zerdrücken.

Jigger:

Ein Jigger ist, salopp gesagt, Barmaß oder ein Messbecher. Sie erlauben es dem Barmann, die angegebene Menge korrekt abzumessen und den Cocktail ordnungsgemäß zuzubereiten.

Reinigung der Ausstattung:

Sauberkeit ist alles! Wenn man Gäste empfängt oder eine lockeres Zusammensein im Kreise der Familie plant ist es wichtig, dass die Teller oder die Gläser sauber sind. Unausgespültes oder verschmutztes Geschirr hinterlassen nicht nur einen negativen Eindruck, sie verfälschen auch das Geschmackserlebnis. Was für ein gutes Essen gilt, kann für einen Cocktail-Abend nicht schlecht sein. Auch bei der Zubereitung von Cocktails ist penibel auf Sauberkeit und Reinlichkeit zu achten. Dies beinhaltet nicht nur die Gläser, sondern auch die Ausstattung.

Shaker:

Der Shaker ist bei Cocktail-Abenden im Dauereinsatz. Er wird mit vielen unterschiedlichen Flüssigkeiten befüllt. Damit das Ergebnis auch mundet dürfen im Shaker keine Rückstände anderer Zutaten mehr zu finden sein. Es ist von daher ratsam, den Shaker kontinuierlich zu reinigen. Dies kann von Hand oder in der Spülmaschine geschehen. Ein Großteil der aktuellen Modelle auf dem Markt lassen sich ohne Komplikationen mit etwas Wasser und Spülmittel auswaschen.

Barsieb:

Auch im Barsieb können sich Rückstände von Fruchtsäften oder Alkohol verfangen. Aus eben diesem Grund muss auch das Barsieb von Zeit zu Zeit gereinigt werden. Ein kurzes Abspülen reicht. Achten Sie beim Reinigen nur darauf, der Metallspirale etwas mehr Aufmerksamkeit zukommen zu lassen.

Stößel:

Der Stößel kommt während seiner Anwendung mit diversen Zutaten in Kontakt. Deshalb sollte auch dieser Ausstattungsgegenstand vor dem Einsatz (und zwischendurch) gereinigt werden. Auch hierfür benötigen Sie als lediglich Wasser, Seife und, bei Bedarf, eine Bürste.

Jigger:

Selbiges gilt für den Jigger. Auch dieses kleine aber feine Hilfsmittel lässt sich bequem unter fließendem Wasser aus- und abspülen.

Welche Arten von Cocktail-Gläsern gibt es?

Martiniglas:

DAS MARTINIGLAS EROBERTE IN den 30er Jahren die Bars und Theken dieser Welt. Aufgrund seiner charakteristischen Trichterform wird es häufig auch als Martinischale, Martinikelch oder Cocktailspitz betitelt. Aufgrund seiner geringen Größe sowie seiner Füllmenge von lediglich 200 ml eignet sich das Martiniglas ideal zur Zubereitung von Martinis. Martinis werden ohne Eiswürfel getrunken. Das Glas ist von daher im Kühlschrank oder der Tiefkühltruhe kurz vorzukühlen.

Tumbler / Whiskyglas:

Ein Tumbler ist eine spezielle Gläserart, welche in erster Linie für die Zubereitung von Shortdrinks oder puren Spirituosen verwendet wird. Obgleich es sie heutzutage in verschiedenen Größen gibt, handelt es sich bei dem klassischen Tumbler um ein kleineres Trinkglas mit einem stabilen Boden. Drinks auf Whisky-Basis werden häufig in einem Tumbler serviert. Im Hinblick auf die Kühlmethode hat man hier 2 Möglichkeiten.

Entweder man serviert den Cocktail mit Eiswürfeln („on the rocks"), oder man gibt den Tumbler zuvor kurz ins Gefrierfach.

Highballglas:

Das Highballglas kann alternativ auch als Longdrinkglas bezeichnet werden. Es ist höher als das Martiniglas und der Tumbler und eignet sich, wie die Produktbereitung bereits vermuten lässt, ideal zur Zubereitung von Highballs oder Longdrinks. Da besagte Drinks meistens mit Eiswürfeln angerichtet werden ist es ausreichend, das Glas mit Eiswürfeln oder kaltem Wasser vorzukühlen.

Cocktailschale:

Die klassische Cocktailschale ist vom optischen Standpunkt aus gesehen dem Martiniglas gar nicht so unähnlich. Auch dieses Behältnis besitzt eine trichterförmige Schale mit integriertem Stil. Da die darin gereichten Shortdrinks ebenfalls nicht immer mit Eiswürfeln gereicht werden, sollten auch diese Gläser den Weg über das Eisfach nehmen.

Hurricaneglas:

Das Hurricaneglas erkennt man sofort an seiner hohen und bauchigen Form. Es kommt in erster Linie bei der Zubereitung von Coladas oder anderweitigen tropischen Frucht-Cocktails zum Einsatz. Auch diese Gläserart wird durch Eiswürfel und kaltes Wasser vorgekühlt.

Welche verschiedenen Arten von Cocktails gibt es?

COCKTAIL IST NICHT GLEICH Cocktail. Das beliebte Getränk erfreut seine Anhänger in einer Vielzahl von Arten, Varianten und Variationen. Von cremig bis frisch, von langem Genuss bis zum kurzen Vergnügen. Auf der Cocktailkarte wird für jeden etwas geboten.

Cocktails:

Beim Cocktail im eigentlichen Sinne handelt es sich um ein alkoholhaltiges Mixgetränk, bei welchem im Regelfall 2 oder mehr Zutaten miteinander vermengt werden. Sie werden in der Mehrheit der Fälle mit Eiswürfeln serviert und beinhalten mindestens eine Sorte Alkohol. Heutzutage findet man auf Cocktailkarten allerdings auch diverse alkoholfreie Varianten mit Obst, Fruchtsäften und Sirup.

Aperitifs:

Eine Unterart der Cocktails sind die sogenannten Aperitifs, welche gelegentlich auch als Before-Dinner-Cocktails bezeichnet werden. Unter Aperitifs versteht man Shortdrinks mit Alkohol, welche vor dem Essen gereicht werden. Sie sind weniger süß im Geschmack und sollen den Appetit anregen. Populäre Aperitifs wären beispielsweise der Manhatten Dry, der Campari oder der Aperol.

Longdrinks:

Ein weiterer würdiger Vertreter der Cocktail-Familie ist der Longdrink. Er verdankt seinen Namen der verhältnismäßig großen Füllmenge. Charakteristisch für den Longdrink ist die Zusammensetzung aus der Spirituose und dem sogenannten Filler. Die Longdrinks, zu welchen auch die Highballs zu rechnen sind, lassen sich einfach zubereiten und werden in einem sogenannten Highballglas serviert. Zu den beliebtesten Longdrinks zählen der Gin Tonic, der Aperol Spritz oder der Cuba Libre.

Flips:

Auch nicht zu verachten sind die sogenannten Flips. Das wesentliche Merkmal der Flips ist die gekonnte Verbindung von Spirituose (meistens Wein der Weinbrand) und Eigelb. Im Gegensatz zum Egg Nogg kommen die klassischen Flips ganz ohne Milch oder Sahne aus. Drinks wie zum Beispiel der Cold Brandy Flip, der Port Wine Flip oder der Sherry Wine Flip gelten als ausgesprochen nahrhaft und werden gerne als weites Frühstück eingenommen.

Fizzes:

Der Sommer kommt … und mit ihm die Fizzes. Die süffigen „Erfrischungsgetränke“ sind ein alter Hase auf der Cocktailkarte. Aufgrund ihrer Zusammensetzung aus Alkohol, Eis, Zucker, Zitronensaft und Tonic Water oder Soda gehen die spritzigen Zeitgenossen insbesondere an warmen Tagen gerne über den Tresen. Der Fizz weist deutliche Parallelen zum Collins auf. Im Gegensatz zu den Collinsen wird der Fizz allerdings im Shaker, und nicht im Glas zubereitet. Der prominenteste Vertreter dieser Kategorie ist der Gin Fizz.

Sour:

Ein weiterer alkoholischer Durstlöscher aus der Familie der Cocktails ist der Sour. Der erfrischende Drink ist dem Fizz oder dem Collins gar nicht so unähnlich. Sie sind einfach zu mischen und bestehen im Regelfall aus einer Spirituose, Zucker und Zitronensaft. Im Hinblick auf die Zubereitung ist zu sagen, dass die Sours in einem Shaker mit Eiswürfeln geschüttelt und anschließend in ein Sour-Glas oder ein Tumbler gegossen werden. Neben dem klassischen Whisky Sour existieren heutzutage Drinks wie der Pisco Sour, der Amaretto Sour oder der Gin Sour.

Collinses:

Die zu den Longdrinks zählenden Collinses weisen in Zusammenstellung und Geschmack deutliche Parallelen zum Fizz auf. Auch sie bestehen aus einer Grundspirituose, Zitronensaft, Zucker und Sodawasser und sind aus eben diesem Grund gern gesehene Sommergetränke. Die Zubereitung macht allerdings den Unterschied. Ein Collins wird direkt im Glas mit mehr Sodawasser angerichtet und mit vielen Eiswürfeln serviert. Bekannte Collinses sind der Tom Collins, der John Collins oder der Wodka Collins.

Worauf ist bei der Zubereitung mit einem Shaker zu achten?

Cocktails sind auf jeder Party ein gern gesehener Gast. Ganz gleich ob bei Geburtstagen, im Sommerurlaub oder beim geselligen Zusammensein ... mit einem gut gemixten Cocktail können Sie immer punkten. Aber auch die Zubereitung von Cocktails will gelernt sein. Was auf den ersten Blick so einfach scheint, benötigt häufig viel Übung und Energie. Seien Sie nicht desillusioniert, wenn Ihre ersten Shake-Versuche nicht so grazil und galant aussehen wie die der Gastronome. Es ist noch kein Meister vom Himmel gefallen. Mit etwas Training werden Sie den Ablauf und die Techniken bald beherrschen. Im Folgenden möchten wir Ihnen ein paar Tipps und Tricks aufzeigen, worauf Sie bei der Zubereitung eines Cocktails mit dem Shaker achten müssen.

Angemessenen Shaker verwenden:

Bereits vor dem eigentlichen Shake-Vorgang kann man Fehler machen. Wenn man sich vor dem Kauf nicht ausreichend über den Shaker informiert, kann der Cocktail-Abend schnell ins Wasser fallen. Ein für Sie falscher Shaker kostet Sie Geld und Nerven. Beantworten Sie von daher für sich bereits im Vorfeld die Frage nach dem Modell und dem Material und achten Sie darauf, dass der Shaker gut in der Hand liegt und sich problemlos reinigen lässt.

Sauberkeit:

Bevor es ans Shaken geht sollten Sie darauf achten, dass der Shaker auch keine Rückstände von früheren Cocktail-Abenden enthält. Spülen Sie den Gegenstand vor dem Einsatz noch einmal mit warmem Wasser aus, um geschmackliche Beeinträchtigungen zu vermeiden. Auch im Verlauf der Cocktail-Runde sollten Sie den Shaker zwischen den verschiedenen Mixturen kurz ausspülen.

Eiswürfel:

Cocktails werden kalt serviert. Die Verwendung von Eiswürfeln ist von daher von signifikanter Relevanz. Bevor die Zutaten in den Shaker wandern, haben Sie diesen mit Eiswürfeln auszustatten. Aber Eiswürfel ist nicht gleich Eiswürfel. Bei kleinen Eiswürfeln oder Crushed Eis sollte nur kurz geschüttelt werden. Diese verfügen über eine große Oberfläche und können den Drink schnell verwässern.

Zutaten:

Als nächstes sind die jeweiligen Zutaten beizufügen. Hierbei ist genau auf die Mengenangabe zu achten. Der Jigger (Messbecher) sollte von daher immer griffbereit stehen.

Technik:

Kommen wir nun zur Königsdisziplin. Dem Schütteln. Hier ist sehr viel Geschick und Fingerspitzengefühl gefragt. Beobachtungen haben gezeigt, dass selbst routinierte Barkeeper die Drinks falsch shaken. Nachdem der Shaker gut verschlossen ist, sollten Sie ihn in beide Hände nehmen. Ein Daumen liegt dabei auf dem Deckel, während die restlichen Finger den Shaker umfassen. Halten Sie den den Mixbecher jetzt waagrecht auf Brusthöhe und bewegen Sie ihn schnell und abwechseln weg vom Körper und wieder zurück. Stellen Sie abschließend den Shaker auf den Tresen, öffnen Sie ihn und geben Sie die Mixtur ganz vorsichtig durch ein Barsieb in ein vorgekühltes Glas. Man sprichht hierbei vom „abseihen" oder „strainen". Fertig!

Dauer und Intensität:

Die Länge und Heftigkeit des jeweiligen Schüttelvorgangs ist von diversen Faktoren abhängig. Verwiesen sei hierbei auf die Größe der Eiswürfel sowie die Menge der Zutaten. Eine genaue Regelung lässt sich hier nicht festlegen. Sie selbst müssen entscheiden, welche Cocktail-Substanz Ihnen am liebsten ist.

Cocktails mit Wodka

Bloody Mary

Der „Bloody Mary“ zählt zu einem der wenigen „herzhaften“ Drinks und wurde in den 20er Jahren des letzten Jahrhunderts kreiert.

Zutaten:

- 5 cl Wodka
- 15 cl Tomatensaft
- 1 cl Zitronensaft
- 1 Spritzer Tabsco
- 1 Spritzer Worcestershiresauce
- etwas Selleriesalz
- etwas Pfeffer

Zubereitung:

Alle Zutaten in einen Shaker mit Eiswürfeln geben und kräftig shaken. Drink in ein vorgekühltes Longdrinkglas geben und mit Salz und Pfeffer verfeinern.

Tipp:

Der Drink ist auch ein gutes Antikatermittel.

Cosmopolitan

Der „Kosmopolit" wird seit den 80ern getrunken und erlangte durch die Serie „Sex and the City" Weltruhm.

Zutaten:

- 4 cl Wodka mit Zitronenaroma
- 1,5 cl Cointreau
- 1,5 cl Limettensaft
- 2 cl Preiselbeersaft

Zubereitung:

Alle Zutaten in einen Shaker mit Eiswürfeln geben und alles gut durchschütteln. Anschließend den Rand eines vorgekühlten Martiniglases mit einer Limettenscheibe einreiben. Jetzt die Mischung aus dem Shaker durch ein Barsieb in das Martiniglas „strainen".

Tipp:

Der Aperitif eignet sich hervorragend für Mädelsabende.

Screwdriver

Der „Screwdriver" zählt zu den Klassikern. Er ist seit den 50er Jahren fester Bestandteil der Cocktail-Szene.

Zutaten:

- 4 cl Wodka
- 10 cl Orangensaft

Zubereitung:

Alle Zutaten mit ein paar Eiswürfel in einen Shaker geben und shaken. Drink durch ein Barsieb in ein vorgekühltes Longdrinkglas geben und mit Orangenscheibe garnieren.

Tipp:

Der Screwdriver kann auch mit Blue Curaçao gemixt werden.

White Russian

Der „White Russian“ erlange Ende der 90er durch den Film „The Big Lebowski“ Weltruhm.

Zutaten:

- 4 cl Wodka
- 4 cl Kaffeelikör
- 6 cl Sahne
- 4 Kaffeebohnen

Zubereitung:

Eiswürfel in einen Tumbler geben. Wodka sowie den Kaffeelikör in den Tumbler gießen und vorsichtig verrühren. Anschließend die Sahne im Shaker schütteln und die dickflüssige Masse behutsam über den Drink geben.

Wissenswert:

Einen „White Russian“ ohne Sahne nennt man „Black Russian“.

Black Russian

Der „Black Russian“ zählt zu einem der populärsten Cocktails auf Rum-Basis und entstand in den 50er Jahren des letzten Jahrhunderts.

Zutaten:

- 4 cl Wodka
- 2 cl Kaffeelikör

Zubereitung:

Wodka und Kaffeelikör in einen Tumbler mit Eiswürfeln geben, mit einem Barlöffel umrühren und genießen.

Tipp:

Den „Black Russian“ kann auch mit Guiness und Cola gemixt werden.

Moscow Mule

Der scharfe Ingwer-Drink „Moscow Mule“ wurde das erste Mal in den 40er Jahren in den USA getrunken. Er wird traditionell in einem Kupferbecher serviert.

Zutaten:

- 4 cl Wodka
- 2 cl Limettensaft
- 200 ml Ginger Ale
- 1 Gurkenscheiben

Zubereitung:

Limettensaft und Wodka in ein vorgekühltes Glas geben. Das ganze mit Ginger Ale auffüllen und mit einer Gurkenscheibe verzieren.

Tipp:

Statt Ginger Ale kann auch Ginger Beer verwendet werden.

Sex on the Beach

Der fruchtig-süße „Sex on the Beach“ ist einer der beliebtesten Longdrinks weltweit. Er darf auf keiner Cocktailkarte fehlen.

Zutaten:

- 4 cl Wodka
- 4 cl Pfirsichlikör
- 8 cl Orangensaft
- 2 cl Cranberrysaft
- 2 cl Zitronensaft
- 1 cl Grenadine

Zubereitung:

Alle Zutaten in einen Shaker mit Eiswürfeln geben und kräftig shaken. Die Mixtur danach durch ein Barsieb in ein Highball-Glass mit Eiswürfeln „abseihen“.

Tipp:

Statt Orangensaft kann auch Ananassaft verwendet werden.

Touch Down

Der „Touch Down" ist ein populärer Cocktail mit Wodka, welcher nicht nur bei Footballfans beliebt ist.

Zutaten:

- 4 cl Wodka
- 2 cl Apricot Brandy
- 1 cl Grenadine
- 2 cl Zitronensaft
- 10 cl Marakujasaft

Zubereitung:

Alle Zutaten in einen Shaker mit Eiswürfeln geben und gut durchschütteln. Anschließend durch ein Barsieb in ein kühles Cocktailglas „strainen" und mit Grenadine verfeinern.

Tipp:

Statt Marakujasaft kann auch Orangensaft verwendet werden.

Swimming Pool

Der „Swimming Pool“ wurde 1979 entwickelt und zählt zu einem der beliebtesten Sommercocktails weltweit.

Zutaten:

- 2 cl Wodka
- 6 cl Ananassaft
- 2 cl weißer Rum
- 2 cl Cream of Coconut
- 2 cl süße Sahne
- 1 cl Blue Curaçao

Zubereitung:

Shaker mit Eiswürfeln befüllen. Anschließend alle Zutaten (außer dem Blue Curaçao und der Ananasscheibe) hinzugeben und gut durchschütteln. Drink durch ein Barsieb in ein vorgekühltes Cocktailglas gießen und den Blue Curaçao darübergeben.

Tipp:

Der „Swimming Pool“ ist nicht nur am Pool ein Genuss.

Blue Lagoon

Der spritzig-frische „Blue Lagoon“ zählt seit den 70er Jahren zu einem der begehrtesten Sommercocktails.

Zutaten:

- 4 cl Wodka
- 2 cl Blue Curaçao
- 20 cl Sprite
- 1 cl Zitronensaft

Zubereitung:

Alle Zutaten in einen Shaker mit Eiswürfeln geben und gut durchschütteln. Durch ein Barsieb in ein Lockdrinkglas mit Eiswürfeln „abseihen“.

Tipp:

Der „Blue Lagoon“ kann auch mit Rum gemixt werden.

Wodka Sunrise

Die russische Variante des „Tequila Sunrise“ schmeckt frischer und leichter.

Zutaten:

- 6 cl Wodka
- 12 cl Orangensaft
- 1cl Zitronensaft
- etwas Grenadine

Zubereitung:

Alle Zutaten (außer Grenadine) in einen Shaker mit Eiswürfeln geben und kräftig shaken. Cocktail anschließend durch ein Sieb in ein kühles Longdrinkglas „strainen“ und mit Grenadine abrunden.

Tipp:

Der „Wodka Sunrise“ ist ein Geheimtip für jede Party.

Blue Hawai

Der Name verdankt der Drink seiner blauen Farbe und seinem einzigartigen tropischen und exotischen Geschmackes.

Zutaten:

- 120 ml Ananassaft
- 60 ml Wodka
- 60 ml weißer Rum
- 60 ml Zuckersirup
- 60 ml Zitronensaft
- 4 EL Blue Curaçao
- 1/2 Orange
- Eiswürfel

Zubereitung:

Zuerst den Wodka, Ananassaft, Rum, Zuckersirup, Zitronensaft, Eiswüfel und den Blue Caracao in einem Shaker tun und und stark schütteln. Dann die übrigen Eiswürfel in die Gläser verteilen und in Flüssigkeit aus den Shaker in die beiden Gläser absieben. Am Ende das ganze noch mit Orangenschreiben garnieren.

Tipp:

Für einen noch stärkeren blauen Farbton kann auch noch ein Schuss Blaubeersirup hinzugegeben werden.

Kamikaze

Der Name des starken Cocktails ist eine Anspielung auf die selbstmörderische Aktion eines japanischen Piloten während des zweiten Weltkrieges.

Zutaten:

- 4 cl Wodka
- 1 cl Cointreau
- 2 cl Limettensaft
- 1 cl Zitronensaft
- 1 Limettenscheibe

Zubereitung:

Alle Zutaten mit Eiswürfeln in einen Shaker geben und gut durchschütteln. Das Ergebnis durch ein Sieb in ein vorgekühltes Glas „abseihen“ und servieren.

Tipp:

Der „Kamikaze“ kann auch als Shot getrunken werden.

Madras

Der „Madras" ist ein verhältnismäßig „junger" Cocktail. Er lässt sich leicht zubereiten und wird deshalb gerne getrunken.

Zutaten:

- 6 cl Wodka
- 9 cl Orangensaft
- 9 cl Cranberrynektar

Zubereitung:

Alle Zutaten in einen Shaker mit Eiswürfeln geben, kräftig schütteln und in ein vorgekühltes Longdrinkglas „strainen".

Tipp:

Der „Madras" kann auch mit etwas Ingwer verfeinert werden.

Cairo Cocktail

Der „Cairo Cocktail“ ist noch ein verhältnismäßig „junger“ Cocktail. Seine auffallende Farbe sowie ein fruchtiger Geschmack machen ihn allerdings zu einem Highlight.

Zutaten:

- 4 cl Wodka
- 12 cl Orangensaft
- 2 cl Zitronensaft
- 2 cl Mandelsirup
- 2 cl Blue Curaçao

Zubereitung:

Eiswürfel in einen Shaker füllen und durch restliche Zutaten ergänzen. Nach kräftigem Schütteln den Cocktail in ein Longdrinkglas mit Eiswürfeln „abseihen“.

Tipp:

Der „weiche“ Cocktail harmoniert ideal mit Snacks wie Nüssen oder Chips.

Wodka Collins

Der „Wodka Collins“ ist ein gefragter Vertreter der „Collins“-Familie. „Collins“ sind Longdrinks mit Alkohol und Zitronensaft, welche ab 1850 die Bars der Welt eroberten.

Zutaten:

- 5 cl Wodka
- 3 cl Zitronensaft
- 2 cl Zuckersirup
- Sodawasser

Zubereitung:

Eiswürfel in ein Longdrinkglas geben. Restliche Zutaten (außer das Sodawasser) hinzugeben und mit einem Barlöffel verrühren. Abschließend den Drink mit Sodawasser auffüllen und mit einer Zitronenscheibe verzieren.

Tipp:

Der „Wodka Collins“ schmeckt auch mit Gin („Tom Collins“).

Cocktails mit Rum

Daiquiri

Der „Daiquiri“ ist einer der ältesten und bekanntesten Cocktails überhaupt. Der aus Kuba stammende Sour erblickte bereits 1900 das Licht der Welt.

Zutaten:

- 4,5 cl weißer Rum
- 2,5 cl Limettensaft
- 1,5 cl Zuckersirup

Zubereitung:

Alle Zutaten in einen Shaker mit Eiswürfeln geben, schütteln und in ein kühles Martiniglas „strainen“.

Tipp:

Der „Daiquiri“ lässt sich mit Heidelbeeren oder Erdbeeren verfeinern.

Mojito

Der aus Kuba stammende „Mojito" wurde bereits im 16. Jahrhundert getrunken.

Zutaten:

- 4 cl weißer Rum
- 2 cl Limettensaft
- 2 TL Rohrzucker
- 2 Minzstiele

Zubereitung:

Minze, Limettensaft und Zucker in ein Glas geben und mit einem Stößel leicht zerdrücken. Eiswürfel und Rum hinzugeben, umrühren und mit Sodawasser auffüllen.

Tipp:

Der „Mojito" ist der optimale Cocktail für laue Sommerabende.

Cuba Libre

Der „Cuba Libre“ ist ein alter Hase unter den Cocktails. Die politische Anspielung im Namen trug massiv zu dessen Verbreitung bei.

Zutaten:

- 5 cl weißer Rum
- 1 cl frischer Limettensaft
- 12 cl Cola

Zubereitung:

Eiswürfel in einen Shaker geben. Rum und Limettensaft hinzufügen und gut durchschütteln. Danach die Mischung in ein Glas mit Eiswürfeln geben und mit Cola auffüllen.

Tipp:

Der „Cuba Libre“ ist das perfekte Zusammenspiel aus Alkohol und Koffein.

Pina Colada

Der in den 50ern entwickelte „Pina Colada“ ist so begehrt, dass eine ganze Cocktail-Gruppe (Coladas) nach ihm benannt wurde.

Zutaten:

- 6 cl weißer Rum
- 4 cl Cream of Coconut
- 12 cl Ananassaft
- 2 cl Sahne

Zubereitung:

Alle Zutaten in einen mit Eis befüllten Shaker geben und kräftig schütteln. Durch ein Sieb in ein Glas mit Eiswürfeln geben und genießen.

Tipp:

Der „Pina Colada“ sorgt für Karibikfeeling im Alltag.

Mai Tai

Der von Victor Bergeron 1944 kreierte „Mai Tai“ ist Stammgast auf jeder Cocktailkarte.

Zutaten:

- 6 cl brauner Rum
- 2 cl Orangenlikör
- 1 cl Mandelsirup
- 1 cl Zuckersirup
- 5 cl Ananassaft
- 1 cl Limettesaft

Zubereitung:

Eiswürfel in Shaker füllen. Alle Zutaten hinzugeben, gut durchschütteln und in ein vorgekühltes Cocktailglas „strainen“.

Tipp:

Der „Mai Tai“ schmeckt auch mit weißem Rum.

B52

Der Name B52 stammt vom amerikanischen Bomber der US Airforce. Dies beschreibt ganz gut die stärke dieses Drinks!

Zutaten:

- 2 cl Kaffeelikör
- 2 cl Baileys Irish Cream
- 1 cl Strohrum
- Eiswürfel

Zubereitung:

Alle Zutaten werden vorsichtig nacheinander in ein Glas geschichtet. Man beginnt mit dem Kaffeelikör, gibt danach die Irish Cream hinzu und vollendet das ganze dann mit dem hochprozentigen Strohrum, der diesem Shot seine ganz persönliche Note gibt.

Tipp:

Der Rum kann auch angezündet werden. Aber es ist Vorsicht geboten.

Planter`s Punch

Der „Planter`s Punch“ ist der König unter den „Punches“. Er trat das erste Mal um 1850 in Erscheinung.

Zutaten:

- 3 cl weißer Rum
- 3 cl brauner Rum
- 5 cl Orangensaft
- 5 cl Ananassaft
- 1 cl Zitronensaft
- 1 cl Grenadine

Zubereitung:

Eiswürfel und restliche Zutaten in einen Shaker geben und durchschütteln. Durch ein Barsieb in ein vorgekühltes Longdringglas geben und servieren.

Tipp:

Der „Planter`s Punch“ hat diverse leckere Rezeptvarianten.

Zombie

Der kräftige Cocktail verdankt seinen Namen dem Effekt, den er seit den 30er Jahren auf Cocktail-Liebhaber ausübt.

Zutaten:

- 2 cl weißer Rum
- 2 cl dunkler Rum
- 2 cl hochprozentiger Rum
- 2 cl Cointreau
- 2 cl Maracujasirup
- 2 cl Orangensaft
- 2 cl Zitronensaft
- 6 cl Ananassaft
- 2 cl Grendadine

Zubereitung:

Alle Zutaten in einen mit Eiswürfeln befüllten Shaker geben und kräftig schütteln. Drink in ein Cocktailglas mit Eiswürfeln „abseihen".

Tipp:

Der „Zombie" lässt viel Spielraum für Rezeptideen.

Hurricane

Der fruchtig-süße „Hurricane“ entstand zur Zeit der Prohibition in Amerika.

Zutaten:

- 3 cl weißer Rum
- 1 cl dunkler Rum
- 5 cl Orangensaft
- 5 cl Ananassaft
- 2 cl Zitronensaft
- 3 cl Marakujasaft
- 1cl Grenadine

Zubereitung:

Eiswürfel in einen Shaker füllen. Zutaten hinzugeben und durchschütteln. Ergebnis durch ein Barsieb in ein Longdringlas mit Eiswürfeln füllen.

Tipp:

Der exotische Cocktail eignet sich wunderbar als Aperitif.

Bahama Mama

Der „Bahama Mama“ hat sich seinen Weg vom „Touristen-Drink“ von den Bahamas an die Bars der Welt gebahnt.

Zutaten:

- 4 cl weißer Rum
- 2 cl brauner Rum
- 2 cl Kokoslikör
- 4 cl Ananassaft
- 4 cl Orangensaft
- Grenadinensirup

Zubereitung:

Einen Shaker mit Eis und allen Zutaten befüllen und kräftig schütteln. Weitere Eiswürfel in ein Longdrinkglas geben und Drink durch ein Barsieb hineingeben.

Tipp:

Der Grenadinensirup erzeugt eine wunderbare Färbung.

Sunny Side

Dank seines Erfolgs auf der Meisterschaft im Freestyle-Mixen ist der „Sunny Side" aktuell in aller Munde.

Zutaten:

- 2 cl brauner Rum
- 3 cl weißer Rum
- ein Spritzer Apricot Brandy
- 8 cl Ananassaft
- 2 cl Marakujasaft
- 2 cl Grenadine

Zubereitung:

Einen Shaker mit Eis vorbereiten. Die restlichen Zutaten hineingeben, kräftig shaken und in ein kühles Cocktailglas „seihen".

Tipp:

Der fruchtige Cocktail ist ideal für alle Sonnenanbeter.

Painkiller

Der „Painkiller“ wurde ursprünglich auf den Britischen Jungferninseln getrunken. Jost Van Dyke hat den Cocktail dort 1970 erfunden.

Zutaten:

- 6 cl dunkler Rum
- 2 cl Cream of Coconut
- 3 cl Orangensaft
- 6 cl Ananassaft
- ein Spritzer Angustora Bitter

Zubereitung:

Alle Zutaten in einen Shaker mit Eiswürfeln füllen. Gut durchschütteln und in ein Glas mit Eiswürfeln „seihen“.

Tipp:

Der „Painkiller“ wird auch Ihre Sorgen vertreiben.

Sweet Tempation

Der „Sweet Tempation“ ist eine der Cocktail-Neuheiten.

Zutaten:

- 4 cl weißer Rum
- 2 cl Batida de Coco
- 6 cl Ananassaft
- 4 cl Maracujasaft
- 2 cl Erdbeer-Sirup
- 2 cl Sahne

Zubereitung:

Alle Zutaten (außer der Sahne) mit den Eiswürfeln in einen Shaker füllen und shaken. Anschließend durch ein Barsieb in ein Cocktailglas füllen. Sahne anschlagen und auf den Drink geben.

Tipp:

Die süßeste Versuchung seit es Cocktails gibt.

Snow White

Der „Snow White“ ist wegen seiner Färbung an die Märchenfigur Schneewittchen angelehnt.

Rezept:

- 5 cl weißer Rum
- 1 cl Limettensaft
- 1 cl Ananassaft
- 2 cl Zuckersirup
- ein wenig Eiweiß

Zubereitung:

Ananassaft, Limettensaft, Zucker und Eiweiß zuerst in einem Shaker ohne Eis schütteln. So wird das Eiweiß aufgelöst. Anschließend Eis und Rum in den Shaker geben und erneut schütteln. Drink durch ein Barsieb in ein kühles Cocktailglas „abseihen“.

Tipp:

Eigelb und brauner Rum können die Farbe intensivieren.

Grüne Frische

Der Name verdankt dieser Cocktail seiner grünen Elemente durch das Basilikum und durch dir Frische der Minze.

Zutaten:

- 3 Basilikumblätter
- 5 Pfefferminzblätter
- 1 Tl brauner Zucker
- 1 El Zitronensaft
- 4 cl weißer Rum
- 2 Eiswürfel
- Mineralwasser

Zubereitung:

3 Basilikumbl'ätter und 5 Pfefferminzblätter in ein Glas geben. Dann ein TL brauner Zucker und 1 EL Zitronensaft hinzu und mit dem Stößel kleinmahlen. Dann 4 Cl weißen Rum zugeben und mit dem Barlöffel oder einer Gabel umrühren.
Nun 2 Eiswürfel in ein das Glas geben und nach belieben mit etwas Mineralwasser auffüllen.

Tipp:

Es kann auch eine grüne Limette verwendet werden.

Santa Muerte

Obgleich der Cocktail und die Figur der „Santa Muerte“ eng mit der lateinamerikanischen Kultur verbunden ist, stellt der Revolte Rum eine Verbindung zu Worms her.

Zutaten:

- 6 cl Rum
- 3 cl Limettensaft
- 2 cl Zuckersirup

Zubereitung:

Alle Zutaten mit Eiswürfeln in einen Shaker geben und durchschütteln. Cocktailglas mit Kirschbrand und Mezcal aufsprühen und vorkühlen. Drink ins Glas geben und genießen.

Tipp:

Für die Zubereitung empfiehlt sich Revolte Rum.

Old Cuban

Der „Old Cuban" ist gar nicht so alt. Er wurde 2002 von Audrey Saunders kreiert.

Zutaten:

- 45 ml dunkler Rum
- 60 ml Champagner
- 30 ml Zuckersirup
- 20 ml Limettensaft
- 6 Minzblätter

Zubereitung:

Limettensaft, Zuckersirup und Minzblätter in einem Shaker vorsichtig mit einem Stößel zerstoßen. Rum und Eis beifügen und shaken. Alles durch ein Sieb in eine kühle Cocktailschale geben und mit Champagner auffüllen.

Tipp:

Der süffige „Old Cuban" ist die Shortdrink-Variante des „Mojito".

Cocktails mit Whisky

Whisky Sour

Der „Whisky Sour“ ist ein zeitloser Klassiker. Er wurde 1870 das erste Mal erwähnt.

Zutaten:

- 5 cl Bourbon Whiskey
- 2 cl Zuckerrohr-Sirup
- 2 cl Zitronensaft

Zubereitung:

Alle Zutaten in einen Shaker mit Eis geben, schütteln und anschließend in ein kühles Whiskyglas „strainen“.

Tipp:

Der „Whisky Sour“ kann auch mit Eiweiß gemixt werden.

Old Fashioned

Der 1806 entwickelte „Old Fashioned“ gilt als einer der Urväter der Cocktails.

Zutaten:

- 6 cl Whisky
- 1 Zuckerwürfel
- ein wenig Angostura-Bitters

Zubereitung:

Zuckerwürfel und Angostura-Bitters in ein Glas geben. Den vollgesaugten Würfel mit einem Stößel zerkleinern. Eiswürfel und Whisky in das Glas geben und mit einer Orangenscheibe garnieren.

Tipp:

Der „Old Fashioned“ kann mit Bourbon oder Scotch zubereitet werden.

Mint Julep

Die Ursprünge des „Mint Julep" reichen bis ins 18. Jahrhundert zurück.

Zutaten:

- 6 cl Bourbon Whiskey
- 2 TL Wasser
- 1 TL Puderzucker

Zubereitung:

Minzzweige, Puderzucker und etwas Wasser in ein Highball Glass geben und mit einem Holzstößel vorsichtig zerstoßen. Crushed Ice und Whisky beifügen und mit einem Barlöffel verführen.

Tipp:

Der „Mint Julep" kann auch mit Angostura verfeinert werden.

Irish Coffee

Der „Irish Coffee“ erwärmte ursprünglich Passagiere an einem Flughafen im Westen Irlands. Joe Sheridan entwickelt ihn in den 40er Jahren.

Zutaten:

- 4 cl irischer Whiskey
- 9 cl Kaffee (heiß)
- 1 Tl brauner Zucker
- 3 cl Sahne

Zubereitung:

Whiskey erwärmen und mit dem Kaffee in ein Glas geben und durch Zucker ergänzen. Sahne schlagen und vorsichtig auf den Kaffee schichten.

Tipp:

Der „Irish Coffee“ muss nicht verrührt werden.

Rob Roy

Der „Rob Roy“ ist einer der wenigen Cocktails mit Scotch. Seinen Namen verdankt er dem schottischen Freiheitskämpfer Rob Roy.

Zutaten:

- 4 cl Scotch Whisky
- 4cl Vermouth Bianco
- ein Spritzer Angostura-Bitter
- 1 Cocktailkirsche

Zubereitung:

Eis in ein Mixglas geben. Vermouth, Whiskey und Angostura beifügen und umrühren. Mix anschließend in ein gekühltes Martiniglas geben.

Tipp:

Der „Rob Roy“ ist die würzige Variante des „Manhattan“.

Morning Dew

Der „Morgentau“ ist noch ganz frisch im Cocktail-Gewerbe.

Zutaten:

- 3 cl Whiskey (Irish)
- 2 cl Crème de Bananes
- 1 cl Blue Curaçao
- 4 cl Grapefruitsaft
- 1 Portion Eiweiß

Zubereitung:

Zutaten in einen Shaker mit Eis geben, schütteln und alles in ein vorgekühltes Glas „strainen“.

Tipp:

Für den „Morning Dew“ empfiehlt sich ein Tumblerglas.

Amber Moon

Der Cocktail erlangte durch den Film „Mord im Orientexpress“ (1974) weltweite Berühmtheit.

Zutaten:

- 9 cl Whiskey
- 1 Ei
- ein Spritzer Tabasco
- ein Spritzer Worchester-Soße

Zubereitung:

Ei in ein Longdrinkglas geben. Whiskey, Tabasco und Worchestersoße hinzugeben und mit einem Barlöffel verrühren.

Tipp:

Der „Amber Moon“ kann auch mit Wodka zubereitet werden.

Boston Ward 8

Der „Boston Ward 8" wurde 1898 von Tim Hussion entwickelt und nach seinem Entstehungsort benannt.

Zutaten:

- 9 cl Bourbon Whiskey
- 3 cl Zitronensaft
- 1,5 cl Orangensaft
- 1,5 cl Grenadine

Zubereitung:

Alle Zutaten in einen mit Crushed Eis gefüllten Shaker geben und gut durchschütteln. Anschließend durch ein Sieb in ein vorgekühltes Cocktailglas „abseihen".

Tipp:

Ein Spritzer Sodawasser macht den Drink noch spritziger.

Colnel Collins

Der „Colnel Collins“ ist ein Vertreter der 1850 erschienen Collins-Familie.

Zutaten:

- 5 cl Bourbon Whiskey
- 2 cl Zitronensaft
- 2 cl Zuckerrohr-Sirup
- 10 cl Sodawasser

Zubereitung:

Alle Zutaten (außer Sodawasser) in einen mit Eis gefüllten Shaker geben und kräftig schütteln. Drink in ein Glas mit Eiswürfeln „abseihen“ und mit Sodawasser aufgießen.

Tipp:

Der „Colnel Collins“ kann auch mit Angostura-Bitter verfeinert werden.

Highball

Der „Highball“ ist ein Vertreter der Highball-Familie. Er ist eng mit dem „Whiskey Soda“ verwandt, welcher seit dem 19. Jahrhundert getrunken wird.

Zutaten:

- 4 cl Whisky
- 1 cl Zitronensaft
- 12 cl Ginger Ale

Zubereitung:

Whiskey und Zitronensaft in ein Longdrinkglas mit Eiswürfeln geben, umrühren und mit Ginger Ale auffüllen.

Tipp:

Der Highball lässt sich auch mit Angostura-Bitter verfeinern.

Cocktails mit Gin

Dry Martini

Der „Dry Martini“ wurde das erste mal 1904 erwähnt. Er ist der bekannteste und beliebteste Vertreter der Martini-Familie.

Zutaten:

- 5 cl Gin
- 1 cl Wermut (trocken)
- 1 Olive

Zubereitung:

Wermut in einen Shaker mit Eiswürfeln geben. Wermut im Shaker durch Gin ersetzen und mit einem Rührstab verrühren. Drink in ein Martiniglas ohne Eiswürfel geben.

Tipp:

Der „Martini Dry“ lässt Spielraum für viele Rezeptideen.

Gin Fizz

Der Cocktail-Gigant ist über 150 Jahre alt und entstammt der Fizz-Familie.

Zutaten:

- 5 cl Gin
- 3cl Zitronensaft
- 1 cl Zuckersirup
- 8 cl Mineralwasser

Zubereitung:

Alle Zutaten mitsamt Eiswürfeln in einen Shaker geben und gut durchschütteln. Das Getränk durch ein Sieb in einen Tumbler geben und mit Mineralwasser auffüllen.

Tipp:

Der „Gin Fizz" wird geschüttelt und nicht gerührt.

Negroni

Der „Negroni" wurde nach seinem Schöpfer Graf Camillo Negroni benannt. 1920 entstand in Italien diese „stärkere" Variante des „Americano".

Zutaten:

- 3 cl Dry Gin
- 3 cl roter Wermut
- 3 cl Campari

Zubereitung:

Eiswürfel in einen Tumbler geben. Die restlichen Zutaten hinzugeben und alles vorsichtig mit einem Barlöffel umrühren.

Tipp:

Ein Barmaß sorgt für die korrekte Mischung.

Pink Lady

Der rosafarbene „Pink Lady“ soll Anfang der 20 Jahre von derSociety-Dame Elsie de Wolfe entwickelt worden sein.

Zutaten:

- 4 cl Gin
- 1 TL Zitronensaft
- 1 Eiweiß
- 1 BL Puderzucker
- etwas Grenadine

Zubereitung:

Zutaten in einen Shaker voller Eiswürfel geben, kräftig schütteln und durch ein Barsieb in ein vorgekühltes Glas „strainen“.

Tipp:

Der Frauencocktail erlaubt viel Spielraum für kreative Rezeptvarianten.

Gin & Coffee

Der Gin & Coffee ist ein schmackhafter Drink mit belebender Wirkung!

Zutaten:

- 4 cl Gin
- 6 cl Espresso
- 5 cl Tonkabohnsirup
- 1 Stiehl Thymian
- Crushed Ice

Zubereitung:

Gin, Espresso, Sirup und das Crushed Ice kräftig in einem Shaker durchschütteln. Eiswüfel auf zwei Gläser verteilen und den Drink vom Shaker aus aufgießen. Dann den gewaschenen Thymian Stiehl in das Glas stecken.

Tipp:

Es kann auch ein normaler schwarzer Americano Kaffee verwendet werden. Die belebende Wirkung fällt dann aber weniger stark aus. Für Koffeinempfindliche Menschen kann auch ein entkoffeinierter Kaffee verwendet werden.

Gin & Tonic

Der aus England stammende „Gin & Tonic“ ist einer der bekanntesten Longdrinks überhaupt.

Zutaten:

- 4 cl Gin
- 1 cl Limettensaft
- Zitrone
- Tonic Water

Zubereitung:

Limettensaft, Zitronenscheibe, Gin und Tonic Water in ein hohes Glas mit Eiswürfeln geben.

Tipp:

Beim „Gin & Tonic“ kann man in Zubereitung und Zutaten variieren.

Vesper

Der Vesper Drink vereint Frische mit Stärke. Er ist hochprozentig und sauer.

Zutaten:

- 6 cl Gin
- 1.5 cl Vodka
- 0.75 cl Lillet Blonde
- Eiswürfel

Zubereitung:

Alle Zutaten müssen in einen mit Eiswürfeln gefüllten Cocktailshaker gegeben werden und gut durchgeschüttelt werden. Danach in alles in ein gekühltes Cocktailglas abseihen.

Tipp:

Zum granieren kann eine Zitronenspirale verwendet werden.

Aviation

Der „Aviation“ wurde 1912 von Hugo Esslin entwickelt.

Zutaten:

- 6 cl Gin
- 1 cl Veilchenlikör
- 3 cl Zitronensaft

Zubereitung:

Alle Zutaten in einen Shaker mit Eis geben, gut schütteln, in ein Cocktailglas ohne Eis geben und verrühren

Tipp:

Die markante Farbe entsteht nur durch den Veilchenlikör.

Clover Club

Der „Clover Club“ ist nach dem gleichnamigen Gentlemansclub benannt.

Zutaten:

- 6 cl Gin
- 2 cl Zitronensaft
- 2 cl Zuckersirup
- 1 BL Himbeersirup
- 1 Eiweiß

Zubereitung:

Eiswürfel in einen Shaker geben. Zutaten hinzufügen und alles durchschütteln. Anschließend Inhalt durch ein Barsieb in ein Cocktailglas geben.

Tipp:

Den Himbeersirup kann man problemlos selbst herstellen.

Gin Julep

Der „Gin Julep“ ist einer der ältesten Cocktails weltweit. Er wurde bereits im frühen 19 Jahrhundert in Europa und Amerika zubereitet.

Zutaten:

- 6 cl Gin
- 3 cl Limettensaft
- 3 cl Blue Curaçao
- ein Spritzer Soda
- 5 Minzblätter

Zubereitung:

Minzblätter und Blue Curaçao in einen Shaker geben und mit einem Stößel zerkleinern. Gin, Eiswürfelund Limettensaft beifügen und durchschütteln. Alles durch ein Barsieb in ein Glas mit Crushed Eis „strainen“.

Tipp:

Der Begriff „Julep“ leitet sich aus dem persischen Wort „julab“ für Rosenwasser ab.

Blueberry Buck

„Blueberry Buck“ war der Sommerdrink 2017.

Rezept:

- 4 cl Gin
- 1 cl Zitronensaft
- 6 cl Ginger Ale
- 12 Heidelbeeren

Zubereitung:

Heidelbeeren und Zitronensaft in einen Shaker geben und mit einem Stößel zerkleinern. Gin und Eiswürfel hinzufügen und shaken. Drink durch ein Barsieb in ein Glas mit Eiswürfeln „abseihen“ und mit Ginger Ale auffüllen.

Tipp:

Statt Ginger Ale kann auch Ginger Beer verwendet werden.

Gin Basil Smash

Der 2008 in Ulm g entwickelte „Gin Basil Smash“ ist heute schon ein Klassiker in den Cocktail-Bars.

Zutaten:

- 6 cl Gin
- 3 cl Zitronensaft
- 2 cl Zuckersirup
- Basilikum

Zubereitung:

Zuckersirup und 3 Basilikumblätter in einen Shaker geben und mit einem Stößel zerstoßen. Gin, Zitronensaft und Eiswürfel hinzufügen, shaken und durch ein Barsieb in ein vorgekühltes Glas „seihen“.

Tipp:

Ein „Smash“ ist eine vereinfachte Version des „Julep“.

Cocktails mit Tequila

Margarita

Die „Königin" unter den Cocktails erfreut seit 1950 Tequila-Fans weltweit.

Zutaten:

- 3,5 cl Tequila
- 2 cl Cointreau
- 2 cl Limettensaft

Zubereitung:

Vorgekühlte Cocktailschale mit Limetten und Salzrand verzieren. Danach die Zutaten mit Crushed Eis in einen Shaker füllen, gut durchschütteln und das Ergebnis durch ein Barsieb in die Schale „abseihen".

Tipp:

Der „Margarita" lässt sich beliebig mit diversen Fruchtsäften verfeinern.

Tequila Sunrise

Der „Tequila Sunrise“ verdankt seinen Namen seiner charakteristischen Färbung. Der 1920 in Mexiko erschaffene Drink zählt zu einem der begehrtesten Cocktails.

Zutaten:

- 4 cl Tequila
- 15 cl Orangensaft
- 2 cl Grenadine
- 2 Orangenscheiben

Zubereitung:

Ein paar Eiswürfel in ein Highball Glas geben. Tequila und den Orangensaft in das Glas füllen und mit etwas Grenadine abrunden.

Tipp:

Frisch gepresste Säfte machen den „Tequila Sunrise“ nicht nur lecker, sondern auch gesund.

The Monroe

Der Name des Cocktails bezieht sich auf die Stilikone Marilyn Monroe. Bert Jechmann erreichte damit das Finale der Diageo World Class 2013.

Zutaten:

- 50 ml Tequila (weiß)
- 30 ml Zitronengras-Sirup
- 30 ml frischer Limettensaft
- 30 ml Eiweiß

Zubereitung:

Zutaten in einen Shaker geben und gut durchschütteln. Eiswürfel hinzugeben und erneut shaken. Den Drink durch ein Barsieb in ein vorgekühltes Cocktailglas geben.

Tipp:

Zur geschmacklichen Abrundung kann das Cocktailglas mit einem Salzrand garniert werden.

Zorro

Der Cocktail wurde nach dem fiktionalen Volkshelden „Zorro“ benannt.

Zutaten:

- 4 cl Tequila (weiß)
- 2 cl Orangenlikör
- 1 cl Blue Curaçao
- 4 cl Grapefruitsaft
- Tonic Water

Zubereitung:

Alle Zutaten (außer Tonic Water) mit Eiswürfel in einen Shaker geben und gut durchschütteln. Cocktail durch ein Barsieb in ein Longdrinkglas mit Eiswürfeln gießen und mit Tonic Water auffüllen.

Tipp:

Der „Zorro“ ist fruchtig aber gefährlich.

Tequila Sour

Der „Tequila Sour“ ist ein verhältnismäßig junger Vertreter aus der Familie der Sour.

Zutaten:

- 4 cl Tequila (weiß)
- 3 cl Zitronensaft
- 1 cl Zuckersirup
- Sodawasser

Zubereitung:

Tequila, Zitronensaft, Zuckersirup und Eiswürfel in einen Shaker geben und gut durchschütteln. Drink ohne Eiswürfel in ein Whiskyglas füllen und mit Sodawasser aufgießen.

Tipp:

Der „Tequila Sour“ kann auch mit Eiswürfeln genossen werden.

Eldorado

Der Name des Cocktails bezieht sich auf das legendäre Goldland Eldorado in Südamerika.

Zutaten:

- 5 cl Tequila (gold)
- 1 cl Creme de Bananes
- 4 cl Orangensaft
- 4 cl Ananassaft
- 4 cl Bananennektar

Zubereitung:

Zutaten in einen Shaker mit Eiswürfeln geben, kräftig durchschütteln und durch ein Barsieb in ein vorgekühltes Longdrinkglas „abseihen".

Tipp:

Statt Creme de Bananes kann auch Eierlikör verwendet werden.

Tequila Sunset

Der „Tequila Sunset“ ist eine stärkere Variante des „Tequila Sunrise“.

Zutaten:

- 4 cl Tequila (gold)
- 6 cl Orangensaft
- 6 cl Maracujasaft
- 1 Spritzer Blue Curaçao

Zubereitung:

Tequila, Orangensaft und Maracujasaft zusammen mit ein paar Eiswürfeln in einen Shaker geben und gut durchschütteln. Ergebnis durch ein Barsieb in ein Longdrinkglas füllen und Eiswürfel hinzugeben. Für die Farbe ein wenig Blue Curaçao beifügen.

Tipp:

Der „Tequila Sunset“ kann mit Creme de Cassis verfeinert werden.

Blue Ocean

Der „Blue Ocean“ verdankt seinen Namen der durch den Blue Curaçao erzeugten blauen Färbung.

Zutaten:

- 3 cl Tequila (weiß)
- 6 cl Grapefruit-Saft
- 1 cl Maracujasirup
- 3 cl Blue Curaçao
- 10 cl Zitronenlimonade

Zubereitung:

Alle Zutaten in einen mit Eiswürfeln befüllten Shaker geben und gut und kräftig schütteln. Drink durch ein Barsieb in ein Martiniglas mit Eiswürfeln geben.

Tipp:

Der „Blue Ocean“ lässt sich auch mit Wodka zubereiten.

Latin Lover

Der „Latin-Lover“ zählt zu einem der Klassiker unter den Cocktails auf Tequila-Basis.

Zutaten:

- 3 cl Tequila (weiß)
- 2 cl Cachaça
- 1cl Zitronensaft
- 2 cl Limettensaft
- 5 cl Ananassaft

Zubereitung:

Eiswürfel in einen Shaker füllen und durch alle Zutaten ergänzen. Alles gut durchschütteln und in ein vorgekühltes Tumblerglas geben.

Tipp:

Der „Latin Lover“ kann auch in einem Longdrinkglas angerichtet werden.

Green Poison

Der „Green Poison" verdankt seinen Namen seiner giftig-grünen Färbung.

Zutaten:

- 4 cl Tequila
- 10 cl Maracujasaft
- 2 cl Kokossirup
- 2 cl Blue Curaçao
- 2 cl Zitronensaft

Zubereitung:

Eiswürfel und restliche Zutaten in einen Shaker geben, kräftig schaken und durch ein Barsieb in ein vorgekühltes Longdrinkglas „abseihen".

Tipp:

Der „Green Poison" kann mit einem Spritzer Malibu verfeinert werden.

Cocktails Sparkling

Champagne Cocktail

Der „Champagne Cocktail" ist der Urvater unter den Champagner-Cocktails. Er wird bereits seit der ersten Hälfte des 20. Jahrhunderts serviert.

Zutaten:

- 9 cl Champagner
- etwas Angostura Bitter
- 1 Zuckerwürfel

Zubereitung:

Als erstes den Zuckerwürfel mit ein wenig Angostura-Bitter benetzen und ihn danach in ein Champagnerglas geben. 2 Eiswürfel ins Glas geben und das ganze vorsichtig mit Champagner auffüllen.

Tipp:

Ein Spritzer Cognac rundet den Geschmack des „Champagne Cocktail" ab.

Mimosa

Den „Mimosa“ kennt man auch als „Buck`s Fizz“. Er wurde 1925 im Hotel Ritz Paris das erste Mal serviert.

Zutaten:

- 7,5 cl Champagner
- 7,5 cl Orangensaft

Zubereitung:

Orangensaft in ein Champagnerglas geben. Anschließend das Glas behutsam mit Champagner auffüllen und mit einer Orangenscheibe verzieren.

Tipp:

Statt Champagner kann auch Sekt verwendet werden.

Kir Royal

Der „Kir Royal“ ist die noblere Variante des herkömmlichen „Kir“. Er wird mit Champagner statt mit Weißwein zubereitet.

Zutaten:

- 10 cl Champagner
- 1 cl Cassislikör

Zubereitung:

Cassislikör in einen Champagnerkelch geben und vorsichtig mit Champagner auffüllen.

Tipp:

Der „Kir Royal“ eignet sich wunderbar als Getränk für Silvester oder anderweitige Feierlichkeiten.

Bellini

Der nach dem italienischen Maler Giovanni Bellini benannte Cocktail wurde in den 30er Jahren des 20. Jahrhunderts von Guiseppe Cipriani in „Harry`s Bar" in Venedig kreiert.

Zutaten:

- 1 reifer Pfirsich
- 10 cl Champagner
- etwas Zuckersirup

Zubereitung:

Zuerst den geschälten Pfirsich in einen Mixer geben und gut pürieren. Anschließend durch ein Barsieb in ein Sektglas mit Eiswürfeln „abseihen". Püree vorsichtig mit Champagner aufgießen, mit Zuckersirup versüßen und mit einem Barlöffel verrühren.

Tipp:

Der „Bellini" lässt sich alternativ auch mit anderen Obstsorten zubereiten.

Champagner-Flip

Der „Champagner Flip“ ist der wohl edelste Vertreter aus der Familie der Flips.

Zutaten:

- 2 cl Weinbrand
- 2 cl Grand Marnier
- 1 Eigelb
- Champagner

Zubereitung:

Eiswürfel in einen Shaker geben. Weinbrand, Grand Marnier und Eigelb ebenfalls in den Shaker geben und alles gut durchschütteln. Anschließend den Mix durch ein Barsieb in ein Champagnerglas „abseihen“ und vorsichtig mit Champagner auffüllen.

Tipp:

Der „Champagner-Flip“ kann alternativ auch mit Weißwein, Brandy oder Cognac zubereitet werden.

Ritz

Seinen Namen verdankt der Cocktail dem gleichnamigen Nobelhotel.

Zutaten:

- 2 cl Cognac
- 1 cl Cointreau
- 2 cl Orangensaft
- Champagner

Zubereitung:

Cognac, Cointreau und Orangensaft in einen Shaker mit Eiswürfeln füllen, kräftig schütteln, durch ein Barsieb in ein Champagnerglas „abseihen“ und mit Champagner auffüllen.

Tipp:

Statt Champagner kann natürlich auch Sekt verwendet werden.

French 75

Der „French 75“ verdankt seinen Namen einer französischen Kanone während des Ersten Weltkrieges. Der Cocktail wurde das erste Mal in den 20er Jahren im „Stork Club“ in New York serviert.

Zutaten:

- 2 cl Gin
- 1 cl Zitronensaft
- 1 cl Zuckerrohr-Sirup
- 10 cl Champagner

Zubereitung:

Eiswürfel in einen Shaker geben. Anschließend Gin, Zitronensaft und Zuckerrohr-Sirup hinzugeben und ordentlich shaken. Cocktail durch ein Barsieb in ein vorgekühltes Champagnerglas „abseihen“ und mit Champagner auffüllen.

Tipp:

Statt Gin kann man auch Congac verwenden.

Air Mail

Der Name des in den 30er Jahren in Amerika entstandenen Cocktails stellt eine Verbindung zur Luftfahrt her.

Zutaten:

- 6 cl Rum (gold)
- 2 cl Limettensaft
- 1 TL Honig
- Champagner

Zubereitung:

Rum, Limettensaft und Honig in einen Shaker mit Eiswürfeln geben, ordentlich shaken, durch ein Barsieb in ein Champagnerglas geben und mit Champagner auffüllen.

Tipp:

Bei der Zubereitung des „Air Mail“ kann zwischen verschiedenen Rum- oder Honigsorten variieren.

Sparkling Sensation

Der Cocktail ist dank des Proseccos kombiniert mit dem Aperol und dem kohlensäurehaltigen Mineralwasser eine wahre Sparkling Sensation.

Zutaten:

- 6 cl Prosecco
- 4 cl Aperol
- Mineralwasser (mit Kohlensäure)
- Eiswürfel
- Orangenscheibe zum Garnieren

Zubereitung:

Den Prosecco und Aperol in einen mit Eiswürfeln gefüllten Tumbler geben und einige Spritzer kohlensäurehaltiges Mineralwasser hinzugeben.

Tipp:

Zum granieren kann auch noch e eine Orangenscheibe verwendet werden.
Auf keinen Fall in einem Cocktailshaker schütteln.

Aperol Royal

Der „Aperol Royal“ ist eine abgewandelte Variante des „Aperol Spritz“.

Zutaten:

- 6 cl Prosecco
- 4 cl Aperol
- etwas Kirschsaft

Zubereitung:

Eiswürfel in ein Sektglas geben. Aperol und einen Spritzer Kirschsaft in das Glas gießen und das ganze mit Prosecco auffüllen.

Tipp:

Der „Aperol Royal“ kann mit oder ohne Eiswürfel getrunken werden.

Rote Perle

Die „Rote Perle" verdankt ihren Namen ihrer roten Färbung.

Zutaten:

- 3 cl Brombeerlikör
- 1 Ananasscheibe
- Champagner

Zubereitung:

Brombeerlikör in ein Champagnerglas mit 1 Eiswürfel geben und mit Champagner auffüllen.

Tipp:

Ein kühler Drink für heiße Tage.

Cocktails Special

Caipirinha

Der „Caipirinha" ist einer der beliebtesten Cocktails weltweit. Er wird seit dem Ende des Ersten Weltkrieges getrunken.

Zutaten:

- 10 cl Cachaca (weißer Zuckerrohrschnaps)
- 6 TL Rohrzucker
- 2 Limetten

Zubereitung:

Als erstes sind die Limetten zu zerkleinern. Anschließend sind die Limetten und der Zucker in ein Glas zu geben und mit einem Stößel zu zerkleinern. Nach der Beigabe von Crushed Ice ist der Cachaca hinzuzufügen und alles gut umzurühren.

Tipp:

Vor dem Genuss gut verrühren, damit der Zucker sich ausbreitet.

Long Island Ice Tea

Der seit den 70er Jahren kursierende Cocktail enthält weder Tee noch Eistee.

Zutaten:

- 2 cl Gin
- 2 cl Rum (weiß)
- 2 cl Wodka
- 1 cl Triple sec
- 2 cl Tequila
- 1 cl Zitronensaft
- 2 cl Orangensaft
- Cola

Zubereitung:

Alle Zutaten (außer Cola) in einen Shaker mit Crushed Eis geben und gut durchschütteln. Mischung danach durch ein Barsieb in ein Glas mit Eiswürfeln „abseihen" und mit Cola auffüllen.

Tipp:

Der „Long Island Ice Tea" ist sehr stark.

Electric Ice Tea

Der „Electric Ice Tea“ ist die weibliche Form des „Long Icland Ice Tea“.

Zutaten:

- 3 cl Gin
- 3 cl Rum (weiß)
- 3 cl Wodka
- 1 cl Tequila
- 1 cl Triple sec
- etwas Blue Curacao
- Zitronenlimonade

Zubereitung:

Alle Zutaten (außer Zitronenlimonade) in einen Shaker mit Eiswürfeln geben, shaken, in ein kühles Glas „strainen“ und mit Zitronenlimonade auffüllen.

Tipp:

Der Blue Curacao sorgt für die markante Färbung.

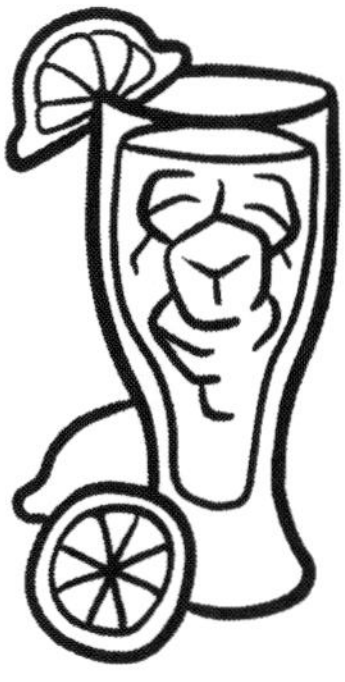

R.I.P.

Sinen Namen verdankt der „R.I.P." seiner tödlichen Mischung.

Zutaten:

- 4 cl Tequila
- 4 cl Wodka
- 4 cl Gin
- 2 cl Triple sec
- 2 cl Grenadine
- 4 cl Limettensaft
- 2 cl Zitronensaft
- 6 cl Maracujasaft

Zubereitung:

Alle Zutaten in einen Shaker mit Eiswürfeln geben, schütteln und in ein Longdrinkglas mit Crushed Ice „abseihen".

Tipp:

Weniger Zitronen- und Limettensaft machen den Drink weniger sauer.

Blond Angel

Der Name verdankt der Longdrink seiner beigen und blonden Farben und dem himmlisch cremigen Geschmack!

Zutaten:

- 5 cl Eierlikör
- 10 cl Orangensaft
- Kugel Vanille-Eis

Zubereitung:

Ein Shaker muss zu etwa einem Drittel mit gestoßenem Eis gefüllt werden. Als nächstes den Eierlikör dazugeben und kurz schütteln. Danach noch einmal kurz durchrühren und mit 10Cl Orangensaft auffüllen. Zwischenzeitlich ein Longdringglas mit einer Kugel Vanillie befüllen. Danach ein weiteres mal Rühren und dann im einem Longdringglas servieren.

Tipp:

Es können auch andere helle Eissorten wie Straciatella und Banane verwendet werde.

Darth Vader

Die „böse Mischung“ wurde nach dem Antagonisten aus „Star Wars“ benannt.

Zutaten:

- 2 cl Gin
- 2 cl Rum (weiß)
- 2 cl Tequila
- 1 cl Triple sec
- 2 cl Orangensaft
- 1 cl Zitronensaft
- Kräuterlikör

Zubereitung:

Alle Zutaten (außer Kräuterlikör) mit Eiswürfeln in einen Shaker geben, kräftig schütteln, in ein Longdrinkglas mit Crushed Ice geben und mit Kräuterlikör auffüllen.

Tipp:

Als Kräuterlikör empfiehlt sich Jägermeister.

Hellfire

Der „Hellfire ist stärker als der „Zombie“.

Zutaten:

- 4 cl Wodka Black
- 2 cl Cachaca
- 2 cl Tequila
- 2 cl brauner Rum
- 2 cl Triple sec
- 3 cl Zuckersirup
- 2 cl Limettensaft
- 1 cl Grenadine
- 16 cl Blutorangensaft
- 6 cl Blutorantensaft

Zubereitung:

Alle Zutaten mit Eiswürfeln in einen Shaker geben, durchschütteln und in ein kühles Glas „strainen“.

Tipp:

Der Drink schmeckt auch mit Mandelsirup und Amaretto.

Adios Motherfucker

Nach dem „Adios Motherfucker“ haben sich schon viele verabschiedet.

Zutaten:

- 2 cl Wodka
- 2 cl brauner Rum
- 2 cl Tequila
- 2 cl Gin
- 2 cl Blue Curacao
- 6 cl Zitronenlimonade

Zubereitung:

Spirituosen in ein vorgekühltes Longdrinkglas geben, abwarten, Drink mit Zitronenlimonade auffüllen und umrühren.

Tipp:

Der „Adios Motherfucker“ ist stark und lecker.

Death in the Afternoon

Der Drink wurde nach eine Roman von Ernest Hemingway benannt.

Zutaten:

- 8 cl Champagner
- 2 cl Absinth

Zubereitung:

Absinth in ein Champagnerglas geben, Eiswürfel hinzugeben und mit Champagner auffüllen.

Tipp:

Der „Death in the Afternoon“ schmeckt nicht nur am Nachmittag.

Waikiki Beachcomber

Bereits der Name des Cocktails verspricht Sommerfeeling und Urlaubslaune.

Zutaten:

- 3 cl Gin
- 3 cl Cointrau
- etwas Cranberrysirup
- etwas Ananassaft

Zubereitung:

Cointreau, Gin, Cranberrysirup und Eiswürfel in einen Shaker geben und kräftig durchschütteln. Anschließend den Drink in ein kühles Glas mit Eiswürfeln geben und mit Wasser auffüllen.

Tipp:

Der „Waikiki Beachbomber“ ist der perfekte Drink für jede Beachparty.

Singapore Sling

Der zu den Punches gehörende „Singapore Sling machte das Raffles Hotel in Singapur populär.

Zutaten:

- 3 cl Gin
- 1 cl Krischlikör
- 1 cl Cointreau
- etwas Bénédictine
- etwas Angostura-Bitter
- Limettensaft
- Ananassaft

Zubereitung:

Alle Zutaten mit Eis in einen Shaker geben und ordentlich durchschütteln. Anschließend Drink durch ein Barsieb in ein mit Eiswürfeln gefülltes Longdrinkglas füllen und mit Limetten- und Ananassaft aufgießen.

Tipp:

Ein gekonntes Zusammenspiel aus Frucht und Exotik.

Alkoholfreie Cocktails für Kinder

Summer Cooler

Der „Summer Cooler“ ist die optimale Erfrischung für coole Kids.

Zutaten:

- 2 cl Limettensirup
- 8 cl Kirschnektar
- Ginger Ale

Zubereitung:

Limettensirup und Kirschsaft in ein Glas mit Eiswürfeln füllen und alles mit eine Barlöffel vermischen. Das Getränk mit Ginger Ale aufgießen und, bei Bedarf, mit einer Cocktailkirsche verzieren.

Tipp:

Statt einer Cocktailkirsche kann auch eine Zitronenscheibe verwendet werden.

Speedy

Mit dem „Speedy“ kommt schnell gute Laune auf.

Zutaten:

- 2 cl Blue-Caracao
- 6 cl Maracujanektar
- 6 cl Grapefruitsaft
- 6 cl Bananennektar

Zubereitung:

Eiswürfel in einen Shaker geben. Zutaten hinzugeben und alles kräftig durchschütteln. Gemisch durch ein Barsieb in ein Glas mit Eiswürfeln „strainen“ und mit einer Erdbeere verzieren.

Tipp:

Der Blue Caracao verwandelt den gesunden Fruchtcocktail in ein optisches Highlight.

Himbeer-Kokos-Cocktail

Das goße Urlaubs-Feeling für die ganz Kleinen.

Zutaten:

- 100 g Himbeeren
- 120 ml Kokosmilch
- 120 g Buttermilch
- 100 ml Zitronenlimonade
- 1 TL flüssiger Honig
- 1 EL Kokosflocken

Zubereitung:

Ein paar Himbeeren pürieren und in die vorbereiteten Gläser geben. Kokosmilch, Buttermilch, Zitronenlimonade und Honig verquirlen und hinzufügen. Abschließend mit Kokosflocken und Himbeeren verzieren und genießen.

Tipp:

Der Drink zaubert Exotik auf jeden Kindergeburtstag.

Ipanema

Der Ipanema stammt ursprünglich aus Lateinamerika und ist für seine erfrischende Wirkung bekannt.

Zutaten:

- 2 EL brauner Rohrzucker
- Maracujasaft
- Ginger Ale
- Crushed Ice
- Halbe Limette

Zubereitung:

Die Limette noch einmal durchschneiden sodass sie geviertelt ist und dann in Glasboden mit dem Stößel bearbeiten. Rohrzucker und Crushed Ice dazugeben und mit Saft und Ginger Ale das Glas auffüllen.

Tipp:

Es kann auch normaler Haushaltszucker verwendet werden.

Mint Tonic

Der Mint Tonic Drink verdankt seinen Namen dem spritzig und erfrischenden Geschmack nach Minze. Ein frischer Atem ist nach diesem Drink garantiert!

Zutaten:

- 4 El Zuckersirup,
- 4 El frisch gepresster Zitronensaft
- 1 Stiele Minze
- Eiswürfel
- 200 ml Tonic Water

Zubereitung:

Die 4 El Zuckersirup und 3 El Zitronensaft in ein hohes Glas schütten. Dann den Minzstiel hinzugeben und mit dem Stößel leicht andrücken. Dann 3 Eiswüfel zugeben und mit 200 ml Tonic Water auffüllen.

Tipp:

Wegen der Minze eignet sich dieser Drink besonders gut nach dem Essen, denn er sorgt für einen frischen Atem.

Famicolada

Der „Famicolada“ ist ein familienfreundlicher Vertreter aus der Gruppe der Coladas.

Zutaten:

- 4 cl Orangensaft
- 1 cl Zitronensaft
- 1 cl Grenadine

Zubereitung:

Orangensaft und Zitronensaft in einen Shaker mit Eiswürfeln geben und ordentlich shaken. Mischung in ein Glas mit Eiswürfeln gießen und mit Grenadine abrunden.

Tipp:

Für das richtige „Colada-Feeling“ kann der Drink mit verschiedenen Obststücken garniert werden.

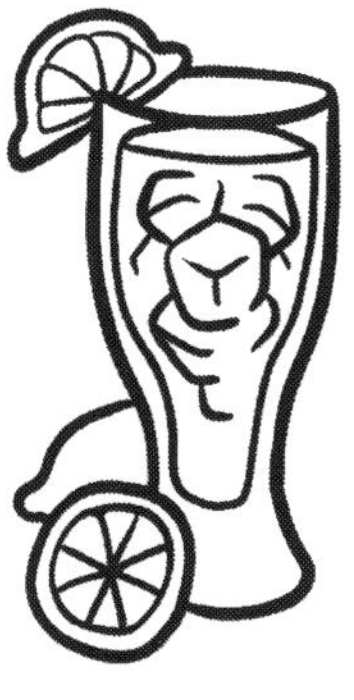

Strawberry Kiss

Erdbeere küsst Mango, Orange und Marakuja.

Zutaten:

- 2 cl Sahne
- 2 cl Erdbeersirup
- 6 cl Maracujanektar
- 6 cl Mangonektar
- 6 cl Orangensaft

Zubereitung:

Alle Zutaten und Eiswürfel in einen Shaker geben und ordentlich durchschütteln. Den Cocktail durch ein Barsieb in ein vorgekühltes Longdrinkglas geben, eine Erdbeere auf den Gläserrand stecken und servieren.

Tipp:

Der fruchtige „Strawberry Kiss“ ist ein wunderbarer Einstieg in die Welt der Cocktails.

Sonnenaufgang

Der „Sonnenaufgang“ erinnert optisch an den „Tequila Sunrise“.

Zutaten:

- Orangensaft
- Himbeersirup
- Orangenscheibe
- Zitronenscheibe

Zubereitung:

Orangensaft in ein mit Eiswürfeln gefülltes Longdrinkglas geben und vorsichtig mit Himbeersirup auffüllen. Abschließend das ganze mit Orangen- oder Zitronenscheibe garnieren.

Tipp:

Der Himbeersirup erzeugt eine phantastische Färbung, die an einen Sonnenaufgang erinnert.

Kleiner Hugo

Der „Kleine Hugo“ ist eine alkoholfreie Variante des begehrten „Hugo“.

Zutaten:

- 1 Limette
- 1 Pfefferminzzweig
- 1 EL Holunderblütensirup
- Mineralwasser

Zubereitung:

Limette zerkleinern und beiseite legen. Holunderblütensirup in die Gläser geben und mit Wasser auffüllen. Minze, Limettenschnitze und Eiswürfel beigeben und servieren.

Tipp:

Der „Kleine Hugo“ ist eine erfrischende Abkühlung für heiße Tage.

Vampirella

Der Cocktail verdankt seinen Namen seiner markanten blutroten Färbung.

Zutaten:

- 400 ml Kirschsaft
- 400 ml schwarzer Johannisbeersaft
- Mineralwasser
- Kirschen
- Minze

Zubereitung:

Die beiden Säfte gut vermengen und auf vorbereitete Cocktailgläser mit Eiswüfeln verteilen. Mixtur mit Wasser aufgießen und mit Kirschen und Minze verzieren.

Tipp:

Der Drink ist DER Renner auf jeder Halloween-Party.

Tropical Spirit

Der Tropical Spirit ist ein alkoholfreier Cocktail mit bunten tropischen Früchten. Besonders der saure Maracuja Geschmack gemischt mit der Süße der Ananas verleiht diesem Drink seine ganz besondere Note.

Zutaten:

- 300 ml Maracuja-Nektar
- 200 ml Ananassaft
- 200 ml Orangensaft
- 4 El Zitronensaft
- Eiswürfel
- Mineralwasser

Zubereitung:

Den Maracuja-Nektar mit dem Ananassaft, Orangensaft und dem Zitronensaft mithilfe eines Barlöffels im Shaker verrühren. Dann die die Flüssigkeit in zwei mit Eiswürfeln gefüllten Gläsern geben und mit etwas Mineralwasser auffüllen.

Tipp:

Wegen dem Maracuja-Nektar kann der Drink etwas dickflüssig sein. An heißen Sommertagen können Sie einfach etwas mehr Mineralwasser hinzugeben um einen Drink mit einem noch größeren Erfrischungsfaktor zu haben.

Rainbow Cocktail

Der „Rainbow Cocktail" erstrahlt in (fast) allen Farben des Regenbogens.

Zutaten:

- Orangensaft
- Blue Curacao
- Grenadine
- Mineralwasser

Zubereitung:

Zuerst Blue Caracao in das Mineralwasser geben und unter Beihilfe eines Barlöffels vorsichtig umrühren. Anschließend ein wenig Orangensaft in ein Glas geben hinzugeben. Jetzt den Grenadinesirup unter Rühren vorsichtig in das Glas füllen. Abschließend das „blaue Wasser" hinzugeben. Fertig!

Tipp:

Wenn Sie alles vorsichtig zubereiten wird der Cocktail eine phantastische Färbung annehmen.

Die Eiskönigin

Der Cocktail wurde nach der Eiskönigin aus dem Disney-Film „Frozen" benannt.

Zutaten:

- 2 EL Blue Curacao
- 100 ml Milch
- Vanilleeis

Zubereitung:

Als erstes füllt man die kalte Vollmilch in ein Glas. Danach ist unter Rühren mit einem Barlöffel der Blue Curacao hinzuzufügen. Abschließend kann man die „Eiskönigin" mit einer Kugel Vanilleeis „toppen".

Tipp:

Der Glasrand lässt sich wunderbar mit Brausepulver verzieren.

Das große Gin Buch

Werden Sie zum Gin Experten!
Inklusive 80 Cocktail Rezepten aus aller Welt
zum selber mixen!

Gin ist wieder in!

KEINE SPIRITUOSE HAT JE so ein grandioses Comeback hingelegt wie der Gin in den vergangenen zehn Jahren. Lange galt er als ein altmodisches Getränk. Eines, das mit Schwarzweißfilmen, spröden, englischen Gentlemen Clubs und vor allem mit alten Männern assoziiert wurde. Eines, dessen einziger Champion in der Popkultur James Bond zu sein schien.

Doch plötzlich gilt all das als geradezu blasphemisch, denn der Gin ist nicht nur zurückgekommen, er ist auf dem Weg zu einer Popularität wie er sie seit den Zeiten des British Empire nicht mehr gekannt hat. Überall in Deutschland, ja in der Welt, entstehen kleine, regionale Distillerien, die dem Klassiker neues Leben einhauchen. Die jene wunderbare Eigenart des Gins, dass seine Rezeptur so viel Möglichkeiten lässt, so viel Spielraum eröffnet, nutzen und eine Angebotspalette geschaffen haben, wie sie sonst nur beim Wein zu finden ist.

Gab es überhaupt jemals eine bessere Zeit, um ein Gin-Trinker zu sein oder einer zu werden? Die deutliche Antwort vieler Barkeeper, Gin Start Ups und Cocktail-Fans muss natürlich nein heißen. Denn dem Gin-Revival folgt auf dem Fuße die Wiederbelebung der klassischen Barkultur und eine lange nicht gekannte Kreativität in der Cocktail-Szene. Der Gin wird nämlich, trotz seines aromatischen Geruchs und Geschmacks eher selten pur oder auf Eis genossen. Viel häufiger ist er Haupt- oder Nebendarsteller in einem Longdrink oder Cocktail.

„Drei Teile Gordon's, ein Teil Wodka und einen halben Teil Kina Lillet," so bestellt 007 seinen Lieblingsdrink in „Casino Royal" zum ersten Mal in Flemmings Romanreihe. Geschüttelt, nicht gerührt. Gordon`s, damit ist natürlich Gordon`s London Dry Gin gemeint. Eine weltweit bekannte Marke, die es auch in Deutschland in jedem Supermarkt günstig zu erwerben gibt. Bond schuf damit eine der älteren unter den vielen Spielarten des Dry Martini, welche heute unter dem Namen Vesper Martini in den Bars serviert wird.

Gin-Cocktails wie der Martini, der Gin Fizz oder der Gin Tonic zählen zu den absoluten Stars ihrer Branche. Andere klassische Cocktails wie der Aviation oder Bees Knees waren lange nur echten Gin-Fans bekannt und kommen in den letzten Jahren wieder in Mode. Dazu gesellen sich sowohl spannende Newcomer wie der Gin Basil Smash als auch zahlreiche neue Interpretationen alter Klassiker wie der Breakfast Martini.

In diesem Buch sind sie alle versammelt. Doch bevor es ans Ausprobieren der 80 Cocktail-Rezepte geht, müssen wir über den Gin sprechen. Darüber wo er her kommt, was ihn so besonders macht und wie man ihn richtig genießt.

Eine kurze Geschichte des Gins

Obwohl die Geschichte des Gins eng mit England und insbesondere der Stadt London verbunden ist, liegen seine Wurzeln in den Niederlanden des 16. Jahrhunderts. Einem Land, in dem reichhaltige Wacholderernten zusammen mit einem regen Gewürzhandel mit Südostasien Menschen auf die Idee brachte, simple Brände aus Weizen, Gerste oder Roggen mit eben jenen Zutaten zu aromatisieren. Und so den dort noch heute beliebten Genever zu erfinden.

Nach England kam der Genever erst dank Königin Elizabeth I. Nicht dass sie dies beabsichtigt hatte, als sie 1585 ihr Militär entsandte, um den protestantischen Niederländern im Unabhängigkeitskampf gegen die katholischen Spanier zu Hilfe zu eilen. Aber die englischen Soldaten lernten an der fremden Front den Genever, den sie auch als „Dutch Courage“ (holländicher Mut) bezeichneten, schätzen und brachten ihn nach getaner Arbeit mit in die Heimat. Dort konnte nun endlich Geschichte des Gins, wie wir ihn heute kennen, beginnen.

Als der Holländer William III. von Oranien-Nassau etwa 100 Jahre später König von England wurde, verhalf er dem Getränk, dessen Name umgangssprachlich in der Zwischenzeit zu Gin abgekürzt worden war, zu seinem endgültigen Durchbruch auf der Insel. Er erhob hohe Steuern auf ausländische Brände und Bier, machte aber den aus englischem Getreide gebrannte Gin steuerfrei. Schnell breiteten sich die „gin shops“ weiter über England aus. London allein beherbergte bald über 7000 von ihnen.

Doch nicht alle waren begeistert vom Siegeszugs des Gins. Bis 1750 war der Pro-Kopf-Verbrauch von Gin in England auf 60 Liter angestiegen und der Alkoholismus wurde zum öffentlichen Problem. Die Regierung setzte in zahlreichen Gin Acts zwischen 1736 und 1751 auf Steuererhöhung und strikte Schanklizenzauflagen.

Zwar konnte dies den Gin nicht gänzlich verschwinden lassen, aber es sollte noch mehr als ein Jahrhundert dauern bis die US-amerikanischen Prohibitionsgesetzte ihm zu seiner zweiten großen Blütezeit verhalfen. Gin war vergleichsweise einfach herzustellen. Das brennen des billigen Basisalkohols erforderte wenig Ausrüstung und konnte gut in versteckten Hinterzimmern erfolgen. Die dabei entstehende schwankenden Qual ität und der manchmal fragwürdige Geschmack wurden anders als bei anderen Bränden zumindest teilweise durch die Aromen der Zusatzstoffe verdeckt. Der Gin wurde das Lebenselixier der Speakeasies.

Als der 21. Zusatzartikel zur Verfassung die Prohibition 1933 in den USA aufhob, soll, so will es die Legende, der damalige Präsident Franklin D. Roosevelt darauf mit einem Martini angestoßen haben. Die während der vorangegangenen Jahre entstandene und nun legitimierte Bar- und Cocktailkultur zog um in die besten Lagen der großen Städte und in die feinen Hotels. In dieser zweiten Hochzeit entstanden fast alle klassischen Gin Cocktails, wie der Martini, der Tom Collins, der Gibson und der Pink Gin.

Das kleine Gin ABC

Um den Gin und vor allem die Gin-Liebhaber zu verstehen, braucht es im Vergleich zu Wein oder Whiskey recht wenig Fachjargon, einige wenige Gin-spezifische Begriffe tauchen allerdings immer wieder auf und sind auch für Hobbytrinker von Interesse. Deshalb sind hier die wichtigsten Gin Vokabeln kurz aufgeführt und erklärt.

Botanical: Als Botanicals bezeichnet man die verschiedenen pflanzlichen Zutaten, mit welchen der Basisalkohol aromatisiert wird, um einen Gin herzustellen. Beliebte Botanicals sind neben dem obligatorischen Wacholder u.a. Koriander, Süßholz, Zitronenschale, Mandeln oder Engelwurz. Insgesamt gibt es weit über 100 verschiedene Botanicals, darunter Früchte und Samen, Wurzeln und Rinden, die in den verschiedenen Gins Verwendung finden. Bei den klassischen Dry Gins und London Dry Gins sind es selten mehr als ca. 10 pro Rezeptur. Bei den neueren New Western Dry Gins kann dieses ganz anders aussehen.

Compound: Als Compound Gin wird ein nur einfach gebrannter Gin bezeichnet, der durch reines Einlegen und Ziehenlassen von Botanicals aromatisiert, aber nicht nochmals gebrannt worden ist. Das Compound Verfahren gilt als weniger hochwertig als der Standard der Zweifachbrennung. Einen Compound Gin erkennt man an seiner Farbe, da die eingelegten Pflanzenstoffe neben den Geschmacks- auch Farbstoffe an den Alkohol abgeben, und er somit anders als nochmals destillierte Gins keine klare Spirituose ist.

Genever: Der Genever ist ein Vorläufer des modernen Gins, der vor allem in den Niederlanden und Belgien produziert und konsumiert wird. Der Unterschied zum Gin liegt im Herstellungsverfahren. Die Basis des Genevers ist eine Getreidemaische, üblicherweise aus Korn, Roggen oder Gerste. Erst im zweiten Schritt, nach einer kurzen Lagerung, wird diese mit einem klaren, hochprozentigen Destillat (Genever hat einen Alkoholgehalt von mindestens 37,5%) vermengt, welches mit Kräutern, Früchten und Gewürzen, aber vor allem mit Wacholder aromatisiert ist. Dieses Destillat selbst ist dem Dry Gin schon sehr ähnlich, in der Kombination mit der Maische ergeben sich aber dennoch klare Unterschiede in Geschmack und Farbe zwischen Gin und Genever.

Genever und demzufolge auch die Kurzform Gin leiten sich ab von dem französischen Wort genièvre für den Wacholder.

Juniper Forward: Juniper ist das englische Wort für Wacholder und ein juniper-forward Gin ist sehr wacholderlastig im Geschmack.

Navy Strength: Die Bezeichnung Navy Strength auf einem Gin weist auf einen deutlich erhöhten Alkoholgehalt hin. Sie geht zurück auf die Zeit, in welcher Gin auch als Medizin gegen zahlreiche Beschwerden galt und englischen Seefahrern in rauen Mengen mitgegeben wurde. An Bord eines Schiffs, das seinen Gin-Vorrat direkt neben dem Schießpulver lagerte, fand man durch Zufall heraus, dass mit Gin befeuchtetes Pulver sich dennoch entzünden lässt. sofern der Alkoholgehalt des Gins deutlich über 50% liegt, Fortan nutzen die Navy Offiziere diesen kleinen Test, um sicher zu stellen, dass sie ausschließlich „navy strength“ Gin für ihre Mannschaft erwarben.

Reserve: Dies ist eine Bezeichnung aus der Wein- und Whiskeyproduktion, die für einen hohen Qualitätsstandard steht. Genauer für eine Reifung im Holzfass über mehrere Jahre. Zunehmend findet man Reserve auch auf Gin-Etiketten. Obwohl es am Markt mittlerweile auch kurz in Fässern gereifte Gin-Sorten gibt, ist der Begriff in Bezug auf Gin rechtlich nicht geschützt und hat keinerlei einheitliche Bedeutung.

Die Herstellung des Gins

Gin besteht aus einem neutralen Basisalkohol und einer Mischung aus pflanzlichen Zusatzstoffen, welche Botanicals genannt werden. Bei der Alkoholbasis spielt es keine Rolle, ob sie aus Weizen, Kartoffeln, Reis oder anderem gebrannt ist. Die meisten Gin-Sorten beginnen jedoch einmal als Weizenalkohol.

Im Gegensatz zu Herstellern anderer hochwertiger Spirituosen wie z. B. Whiskey, verzichten viele Gin-Macher darauf ihren eigenen Alkohol zu brennen und kaufen stattdessen reinen Weizenalkohol mit einem Alkoholgehalt von mindestens 96% in großen Mengen ein und re-destillieren diesen.

Dazu wird dem Alkohol Wasser beigemischt, um ihn zu einer etwa 45% Lösung zu verdünnen, bevor er in einem zweiten Arbeitsschritt mit den Botanicals infusioniert wird.

Um die Aromen aus den Botanicals zu lösen und in den Gin einzubringen haben sich zwei Verfahren durchgesetzt. Die Mazeration und die Perkulation. Für beide Prozesse werden die pflanzlichen Zutaten zuerst getrocknet und zerkleinert, damit sich die Geschmacksstoffe aus den Fasern lösen können.

Bei der Mazeration werden die Botanicals, meistens in kleinen Beuteln, direkt in den Alkohol eingelegt, um die Aromastoffe in die Flüssigkeit auszuziehen. Dieser Vorgang kann je nach Hersteller nur ein paar Stunden oder auch mehrere Tage andauern. Im Anschluss wird der Alkohol zum zweiten Mal gebrannt.

Bei der Perkulation werden die Botanicals während des Destillationsvorgangs selbst in den Gin eingebracht. Sie werden entweder direkt in die Brennblase gehängt oder auf einem Sieb über der Flüssigkeit ausgebreitet, so dass beim Erhitzen der verdampfende Alkohol ihre Aromen annimmt.

Nach dem zweiten Brennvorgang erfolgt in jedem Fall eine weitere Zugabe von Wasser, um das Endprodukt auf den gewünschten Alkoholgehalt von um die 40% zu bringen. Dieser Schritt wird Herabsetzen genannt.

Bei der Auswahl der Botanicals werden der Fantasie wenig Grenzen gesetzt. Sie müssen, wie der Name sagt, pflanzlichen Ursprungs sein und die Wichtigste unter ihnen ist immer der Wacholder. Die meisten Gin-Hersteller reden gerne über die Auswahl und die Qualität ihrer Botanicals. Auch wenn ihr genaues Rezept natürlich ein gut gehütetes Geheimnis bleibt.

Die verschiedenen Gin Sorten

Gin ist nicht gleich Gin. Es gibt große Unterschiede in Herkunft, Herstellungsverfahren und Auswahl der Botanicals. Gemein ist allen Varianten, dass sie aus einem mit Wacholder und weiteren pflanzlichen Zusatzstoffen aromatisierten Alkohol bestehen und (qua Gesetz) mindestens 37,5% Alkoholgehalt aufweisen. Im wesentlichen dominieren drei Stile den heutigen Gin-Markt: der Dry Gin, der Distilled Gin und der London Dry Gin. Es gibt aber auch noch einige weniger verbreitete Sorten.

Der **London Dry Gin** ist heute der Standard für Gin. Fast alle herkömmlichen Marken aus dem Supermarktregal oder dem Duty Free Shop fallen in diese Kategorie. Beim London Dry Gin handelt es sich um einen trockenen Gin mit sehr stark ausgeprägtem Wacholderaroma. Die Zugabe weiterer Botanicals unterliegt strengen Auflagen. Um sich als London Dry Gin bezeichnen zu dürfen, darf ein Gin keinerlei künstliche Aromen oder mehr als 0,5 Gramm Zucker pro Liter enthalten.

Der **Dry Gin** ist neben dem London Dry Gin die am meisten verkaufte Gin-Sorte der Welt. Viele der neuen, aufstrebenden und regionalen Gin-Marken sind Dry Gins. Es handelt sich beim Dry Gin, wie der Name es vermuten lässt, um einen trockenen Gin, der für gewöhnlich mit einer sehr ausgeprägten Wacholder-Note daherkommt. Er unterscheidet sich vom London Dry Gin durch eine größere Palette erlaubter Botanicals und enthält häufig Zitrus- oder andere Fruchtaromen.

Der **Distilled Gin** trägt seinen Namen, da er gleich zweimal gebrannt wurde. Natürlich ist eigentlich jeder Gin distilled Gin im eigentlichen Sinne, dennoch darf das Label nur ein Gin tragen, welcher zwei Destillationsprozesse hinter sich gebracht hat und danach nicht weiter aromatisch bearbeitet worden ist. Es ist also ein Kennzeichen für einen hochwertigen Gin.

Der **Old Tom Gin** ist historisch betrachtet ein Vorfahre des London Dry Gins. Die weniger talentierte Brennmeister erzeugten ein qualitativ schwankendes und manchmal schwer genießbares Produkt, dem Zucker zugesetzt wurde um den stark alkoholischen Geschmack zu maskieren. Der Old Tom ist deshalb ein besonders süßer Gin, der nach der Erfindung der Brennsäule aus der Mode gekommen war, heute aber ebenfalls ein Comeback feiert. Er eignet sich besonders für die Verwendung in süßen Cocktails.

Der **Sloe Gin** ist eher ein Likör denn ein Gin. Geschmacklich und farblich wird der Sloe Gin dominiert von der Schlehe (Sloe) statt vom Wacholder. Meistens hat er einen eher süßen Geschmack. Da er im Schnitt einen Alkoholgehalt von nur 30% aufweist, gilt er auch gesetzlich nicht als Gin.

Der **New Western Dry Gin** ist eine eher freie und locker definierteKategorie. Es ist der Name, den sich eine Reihe von Gin-Marken des 21. Jahrhunderts gegeben haben, die zwar in der Tradition des Dry Gins verhaftet bleiben, sich allerdings nicht den Beschränkungen, denen z. B. ein London Dry Gin unterliegt, unterwerfen. Dank des derzeitigen Booms in der Gin-Branche und des Entstehens zahlreicher neuer, regionaler und unabhängiger Gin Start Ups verwischen die Grenzen zwischen den Gin-Stilen und es entstehen spannende neue Interpretationen und Hybriden.

Fauxpas - Das sollten Gin Trinker unbedingt vermeiden!

Wenn man nicht gleich als blutiger Anfänger oder Laie ausgemacht werden will, kann man versuchen die folgenden Fehler in Gegenwart von wahren Gin-Liebhabern zu vermeiden:

1. Das falsche Glas

Dass man einen Singapore Sling nicht im alten Senfglas mit Mickey Mouse-Aufdruck anbieten sollte, darauf kommen die allermeisten Menschen selbst. Trotzdem greift man im entscheidenden Moment lieber auf ein allgegenwärtiges Highballglas zurück als sich Gläser anzuschaffen, die man vielleicht nie wieder brauchen wird. Gerade beim Genuss von Cocktails, speziell des Martinis, ist dies aber ein unverzeihlicher Fauxpas! Welche Gläser echte Gin-Liebhaber im Haus haben sollten und auf welche man getrost verzichten darf, erfahren sie im 9. Kapitel.

2. Zu warm, zu kalt

Die richtige Trinktemperatur für einen Dry Gin liegt bei ca. 16-18 Grad Celsius. So will es die Faustregel. Natürlich gibt es auch immer etwas Spielraum, aber allzu warm, also bei mehr als 20 Grad Celsius, genossen, überlagert die Schärfe des Alkohols die vielfältigen Aromen des Gins. Wer auf der anderen Seite zu viel will und das Glas (oder den Cocktailshaker) mit Eis überlädt, der verwässert seinen Drink und hat ebenso wenig vom Gin-Geschmack.

3. Jeden Cocktails mit dem selben Gin mixen

Ein guter London Dry funktioniert in fast jeder Rezeptur. So weit, so gut. Wer seine Gäste wirklich beeindrucken will, stimmt allerdings das Geschmacksprofil des Gins auf seinen Cocktail ab. Dazu ist es unumgänglich den Gin auch einmal pur zu probieren.

4. Das Tonic Water vernachlässigen

Ein typischer Fehler von Gin Tonic-Trinkern ist es, sich zwar einerseits durch sämtliche Gin-Sorten zu probieren, andererseits aber über das Tonic Water gar nicht nachzudenken. Eigentlich sollte es augenfällig sein, dass der Mixer einen riesigen Einfluss auf den Geschmack eines Longdrinks hat. Aber Schweppes hat eine ähnliche Vormachtstellung auf dem Markt der Tonic Water erobert wie sie auch Coca Cola für viele anderen Longdrinks inne hat. Selbst wer grundsätzlich zufrieden mit seinem Tonic Water ist, sollte bei Gelegenheit auch mal einem anderen eine Chance geben. Es könnte überraschen. Zumal sich in den letzten Jahren im Zuge des Gin-Revivals auch auf dem Tonic-Markt viel tut.

5. Sich an alle Regeln halten

Jetzt, nachdem sie die wichtigsten Regeln kennen, sind sie bereit die Regeln zu beugen. Den der bei weitem wichtigste Aspekt des Gin-Trinkens ist der eigene Genuss. Die wichtigste Regel: Trinken sie ihren Gin genauso wie er Ihnen am besten schmeckt!

Gin Tasting and Nosing

Kaum eine Spirituose kann mit so vielen verschiedenen und raffinierten Geschmacksprofilen aufwarten wie der Gin. Aus weit mehr als 100 Botanicals kann ein Gin-Macher wählen, bevor er versucht sie im perfekten Zusammenspiel zu arrangieren. Das macht einen guten Gin zu einem wahren Kunstwerk. Und dennoch wird Gin nur selten pur getrunken und wirklich geschmeckt. Ein Fehler, denn wer seinen persönlichen Lieblings-Gin finden möchte, der kommt um ein Verkostung nicht herum.

Für ein improptu Tasting & Nosing zuhause bedarf es nicht unbedingt einer besonderen Ausstattung. Kenner wissen die Hilfe eines Nosing-Glases zu schätzen. Es hat einen bauchigen Unterteil, der für die Entfaltung ideal ist, verengt sich aber zum Rand und bündelt so die Aromen zur Nase hin.

Am besten beginnt man beim Gin mit dem Nosing. Ein ungeübter Gaumen wird schnell überwältigt von dem starken Alkoholgeschmack hochprozentiger Spirituosen und ohnehin finden 90% des Geschmackserlebnisses über den Geruchssinn statt.

Zum Nosing gibt man den Gin bei Zimmertemperatur in ein bauchiges Glas. Ein spezielles Nosing-Glas, wenn vorhanden, einen Cognac-Schwenker oder ein Rotweinglas. Das Glas nah an die Nase heranführen und einatmen. Zwischendurch das Glas immer mal wieder wegnehmen und normal atmen, um dann zum Gin zurückzukommen. Schon in der Nase eröffnen sich sofort die kräftigen Aromen eines Gins. Schwarzer Pfeffer, Pinien, Pfirsich, Zitrone, aber allen voran der Wacholder.

Beim anschließenden Tasting wird ein kleiner Schluck Gin genommen, langsam im Mund hin und her bewegt, einige Minuten auf der Zunge gehalten und intensiv geschmeckt. Dies widerspricht dem ersten Instinkt, den die meisten Menschen bei hochprozentigem Alkohol, besonders auf Zimmertemperatur, verspüren. Nämlich ihn sofort hinunterzuschlucken. Aber es lohnt sich. Der Gin entfaltet all seine Nuancen im Mundraum und hinterlässt ein wohlige Wärme auf der Zunge. Schon beim zweiten Schluck tritt der alkoholische Aspekt des Geschmacks in den Hintergrund und der Koster kann sich voll auf die Textur des Gins konzentrieren.

Wer nicht einfach nur einen guten Gin für den persönlichen Bedarf finden oder sich einen Überblick über das typische Barsortiment verschaffen möchte, sondern auch mal ausgefallene, gewagte oder exklusive Gins probieren möchte, der kann an einer professionellen Gin-Verkostung teilnehmen. Sie werden in vielen Bars und Spituosen-Läden angeboten.

Der kleine Einkaufsberater

Gin muss kein teures Vergnügen sein. Jeder Supermarkt hat traditionelle Premiummarken in seinen Regalen, an denen nichts verkehrt ist. Denn viel hat sich getan in den letzten Jahren. Das Gin-Angebot des herkömmlichen Einzelhandels ist um vieles differenzierter aufgestellt als noch vor 10 Jahren. Heute deckt es sämtliche Geschmacksrichtungen des Dry Gins, von sehr mild bis hin zu markant, ab und hat sogar kleinere, lokale Marken im Angebot. Diese ist für den Einstieg genau das Richtige.

Am besten beginnt man mit einem klassischen London Dry Gin aus dem mittleren Preissegment. Also nicht gerade die Eigenmarke für 5,99 Euro, aber mehr als 20 Euro für eine 0,7l Flasche muss man nicht gleich investieren.

Danach sieht man, wo die Reise hingeht. Überzeugt der eher klassische, Wacholder-lastige London Dry Gin die Geschmacksnerven restlos oder sollte man als nächstes lieber einem der experimentierfreudigen New Western Dry Gins eine Chance geben.

Denn früher oder später sollte man sich über das Supermarktsortiment hinauswagen, sonst verpasst man den spannensten Teil des Gin-Angebots. Die neuen, aufstrebenden nationalen und internationalen Marken, die den Wacholder etwas aus dem Fokus genommen haben zu Gunsten von Botanicals mit stark regionalem Bezug wie etwa Moorbirke, Kalmus oder Fichtensprossen. Kleinere Gin Distillerien verkaufen ihre Produkte fast immer über einen eigenen Online-Shop oder über größere Anbieter im Internet. Die Flaschengröße bei Craft Gins beträgt häufig nur 0,5 l, worauf man bei der Bewertung des Preises achten sollte.

Empfehlungen für Gin zu geben ist nicht einfach. Guter Gin ist letztendlich nur eine Geschmacksfrage. Etwas, worauf man achten kann, um zumindest einen schlechten Gin zu vermeiden, ist der Alkoholgehalt. Gesetzlich vorgeschrieben sind mindestens 37,5%, besser sind aber 40% und mehr.

Um möglichst viele Gin-Marken kennenzulernen, empfehle ich, außer Haus experimentierfreudiger zu sein und bei jeder Gelegenheit in Bars einem neuen Gin eine Chance zu geben anstatt bei alten Favoriten hängenzubleiben. Auch eine Gin-Verkostung kann eine gute Gelegenheit bieten, neue Marken kennenzulernen und sich mit anderen Gin-Interessierten auszutauschen.

Die perfekte Ausstattung

Für einen ersten Ausflug in die Welt der Gin-Trinker bedarf es keiner voll ausgestatteten Bar. Der klassische Gin Tonic wird im einem Highballglas, wie es sich in jedem Haushalt findet, angerichtet. Eine Eiswürfelform, vielleicht ein paar Strohhalme und eigentlich braucht es nicht einmal so viel. Dennoch wird sich kein Gin-Liebhaber lange damit zufriedengeben, keinen stilechten Martini oder Sling servieren zu können. Deshalb folgt hier eine kleine Warenkunde über all die Gläser, die man für die korrekte Präsentation der gängigsten Gin-Cocktails griffbereit haben sollte.

- Das Martiniglas ist ein trichterförmiges Stilglas, in welchem neben dem namensgebenden Martini auch andere Cocktailklassiker wie der Cosmopolitan serviert werden.

- Das Highball- oder Longdrinkglas ist ein hohes, recht schmales Glas, das sich besonders für Mischgetränke, die mit viel Eis und viel Mixer serviert werden, eignet, z. B. einen Gin Tonic.

- Der Tumbler ist ein kurzes, bauchiges oder kantiges Glas, in dem vor allem Spirituosen pur oder auf Eis serviert werden, aber auch einige Cocktails. Unter ihnen der Bramble.

- Die Cocktailschale, auch Coupeglas genannt, ist ein schalenförmiges Stilglas, das sich besonders für spritzige Sekt- oder Champagnercocktails eignet.

- Das Hurricaneglas ist ein hohes, unten bauchiges und nach oben hin geschwungenes Glas in dem vor allem auffällige Cocktails wie Pina Coladas oder der Singapore Sling angerichtet werden.

- Spezielle Tiki-Becher oder Modeerscheinungen wie Einmachgläser sind eine reine Geschmacksfrage. Wem der Trend gefällt oder wer demnächst eine Cocktailparty mit Tiki-Motto plant, darf zugreifen, sie sind aber nicht unbedingter Bestandteil einer gut sortierten Hausbar.

Neben Gläsern, benötigt der aufstrebende Barkeeper aber noch so einiges andere, bevor es mit dem Cocktailmixen losgehen kann. Vieles ist bereits in jedem Haushalt vorhanden: eine Saftpresse, ein Schneidebrett und verschiedene Messer, im Idealfall ein Mixer oder eine Multifunktions-Küchenmaschine, die dieselben Aufgaben erledigt.

Zum spezielleren Barequipment zählen zunächst ein Rührglas und ein Shaker. Hier bietet sich der Kauf als Kombination in Form eines Boston Shakers an. Ein Barsieb und ein Barmaß (Jigger), welches die beliebten Shotmengen von 2 cl und 4 cl abmisst, sind weitere elementare Bestandteile. Um Stößel und Barlöffel zu ersetzen kann man sich meistens mit bereits vorhandenen Küchenutensilien behelfen, sie sind aber in jedem Barset enthalten und auch einzeln nicht teuer in der Anschaffung.

Die Rezepte Die Gin Klassiker

Gin Tonic

Wer an Gin denkt, der denkt auch an Gin Tonic. Es handelt sich beim G&T ganz ohne Frage nicht nur um einen Klassiker, sondern um den Gin Klassiker.

Zutaten:

- 4 cl Gin
- 20 cl Tonic Water
- Eiswürfel

Zubereitung:

Den Gin in ein nicht zu schmales Highballglas geben, einige Eiswürfel hinzufügen und mit eiskaltem Tonic Water auffüllen.

Tipp:

Statt mit der klassischen Zitronenscheibe oder der neumodischen Gurkenstange, kann ein Gin Tonic auch mal mit einem Minzblatt oder einer kleinen Scheibe Ingwer garniert werden.

Dry Martini

Über die Erfindung des Martini kursieren zahlreiche Geschichten. Alle gleichsam spannend und gleichsam unbewiesen. Das erste abgedruckte Rezept für einen Martini erschien 1888 in Harry Johnson's Bartender's Manual.

Zutaten:

- 5 cl Gin
- 1 cl Wermut (trocken)

Zubereitung:

Den Gin und den Wermut zusammen mit viel Eis in einem Rührglas verrühren (der Klassiker wird nicht geschüttelt) und dann in ein Martiniglas abseihen.

Tipp:

Je nach Geschmack wird der Gin Martini mit einer einzelnen grünen Olive (klassisch) oder mit etwas Zitrone (Twist) serviert.

Dirty Martini

Liebhaber des Dirty Martini behaupten, er sei der einzige Martini, in den eine Olive gehöre.

Zutaten:

- 6 cl Gin
- 2 cl trockener Wermut
- 1-3 TL Olivenlake

Zubereitung:

Die Zutaten zusammen mit viel Eis im Rührglas verrühren und anschließend durch ein Sieb in ein Martiniglas abgießen. Ein paar grüne Oliven als Dekoration hinein geben.

Tipp:

Eine alte Faustregel besagt, dass ein Martini fertig gerührt ist, wenn sich außen am Glas Kondenswasser zu bilden beginnt.

Paradise

Der Paradise Cocktails spielt eine wichtige Rolle in dem 1933 Film Reise ohne Wiederkehr.

Zutaten:

- 4 cl Gin
- 2 cl Apricot Brandy
- 4 cl Orangensaft

Zubereitung:

Alle Zutaten zusammen mit ein paar Eiswürfeln in den Shaker geben und gut schütteln. Ohne das Eis in ein Martiniglas abgießen.

Tipp:

Am leckersten wird der Paradise mit frischgepressten Orangensaft. Eine Orange ergibt gewöhnlich etwas mehr als die benötigten 4 cl Saft.

Gimlet

Wenn jemand sagt, dass Alkohol ein Lebensretter ist, dann ist meistens nicht vom Gimlet die Rede. Sollte es aber. Denn der Gimlet entstand als Phrophylaxe gegen Seefahrerkrankheiten wie den Skorbut. Da frisches Obst auf den Schiffen schnell vergammelte, gab man den Matrosen einfach eine Art Limettensirup mit, den sie sich in den Gin rühren konnten.

Zutaten:

- 6 cl Gin
- 2 cl Limettensaft

Zubereitung:

Einen Rührglass zur Hälfte mit Eis füllen und die beiden Zutaten hinzufügen. Gut verrühren und anschließend durch ein Sieb in die Gläser gießen.

Tipp:

Je nach Geschmack mit etwas Limettenschale oder einer Limettenscheibe garnieren.

Bees Knees

Der Bees Knees ist ein typisches Produkt der amerikanischen Prohibitionsära. Die Barkeeper der legendären Speakeasies machten aus der Not eine Tugend und mischten ihrem neuen Cocktail etwas flüssigen Honig bei, um die schwankende Qualität des schwarzgebrannten Gins zu maskieren.

Zutaten:

- 5 cl Gin
- 2 TL Honig
- 2 cl Zitronensaft
- heißes Wasser

Zubereitung:

Den Honig in etwas heißem Wasser auflösen und zusammen mit den restlichen Zutaten und etwas Eis in einen Cocktailshaker füllen. Kräftig schütteln und anschließend in ein Martiniglas abseihen.

Tipp:

Der Bees Knees ist der Star jeder Speakeasy-Mottoparty!

Pink Gin

Ein roter Bitterlikör verleiht diesem Cocktail seine namensgebende pinke Farbe.

Zutaten:

- 6 cl Gin
- Angostura Bitter

Zubereitung:

Die Zutaten mit etwas Eis in einen Mixbecher geben und gut miteinander verrühren. In ein gekühltes Glas abseihen und mit etwas Zitronenschale garnieren.

Tipp:

Um den herben Geschmack des Bitters etwas auszugleichen, bieten sich für den Pink Gin vor allem eher süße Gin-Marken oder ein Old Tom Gin an.

Aviation

Ob der Name des Aviation (Luftfahrt) von der tiefen blau-violetten Farbe des Cocktails herrührt ist umstritten, dass er auch optisch etwas ganz Besonderes ist hingegen nicht.

Zutaten:

- 6 cl Gin
- 1 cl Maraschino-Likör
- 6 cl Crème de Violette
- 2 cl Zitronensaft

Zubereitung:

Die Zutaten zusammen mit viel Eis in einen Cocktailshaker füllen und gut schütteln. Dann ohne das Eis in gekühlte Martinigläser abgießen.

Tipp:

Damit der Aviation nicht vollständig von den fruchtigen und floralen Aromen der beiden Liköre dominiert wird, bedarf er eines kräftigeren Dry Gins.

Negroni

Der Negroni entstand 1919 aus dem klassischen Campari Cocktail Americano. Ein Florenzer Barkeeper ersetze das Sodawasser kurzerhand durch Gin ersetzt, um den Drink etwas gehaltvoller zu machen, und ein neuer Star war geboren.

Zutaten:

- 3 cl Gin
- 3 cl Campari
- roter Wermut

Zubereitung:

Die drei Zutaten in einem Rührglass mit viel Eis verrühren und anschließend in einen mit frischem Eis gefüllten Tumbler abgießen.

Tipp:

Als Deko bietet sich geschmacklich und farblich ein Stück Orangenschale an.

Corpse Reviever No. 2

Harry Craddock, der Erfinder des Corpse Revivers, soll über ihn die folgenden berühmten Worte gesagt haben: Vier davon schnell hintereinander getrunken machen die Wiederbelebung der Leiche rückgängig!

Zutaten:

- 2 cl Gin
- 2 cl Lillet Blanc
- 2 cl Cointreau
- 2 cl Zitronensaft
- 1 Spritzer Absinth

Zubereitung:

Alle Zutaten zusammen mit einer handvoll Eiswürfel in einem Shaker gut schütteln und anschließend durch ein Sieb in eine gekühlte Cocktailschale gießen.

Tipp:

Beim Corpse Reviver No. 2 scheiden sich die Geister am zu verwendenden Wermut. Als der Drink erstmals begeisterte, war der mittlerweile nicht mehr produzierte Kina Lillet Bestandteil des Rezeptes. Die Frage welcher heute erhältliche Wermut ihm am nächsten kommt, spaltet regelmäßig die Gemeinde der Corpse Reviver-Fans.

Red Snapper

Die perfekte Alternative zur Bloody Mary, nicht nur für Gin-Liebhaber.

Zutaten:

- 5 cl Gin
- 1 cl Zitronensaft
- 12 cl Tomatensaft
- 3 Spritzer Tabasco
- 2 Spritzer Worcestersauce
- Selleriesalz
- schwarzer Pfeffer

Zubereitung:

Allen Zutaten in einen Cocktailshaker geben und zusammen mit viel Eis gut schütteln. Anschließend ohne das Eis in ein Highballglas abseihen. Für den typischen Bloody Mary Look mit einer Selleriestange dekorieren.

Tipp:

Wer es mag, kann zu Beginn etwas Selleriesalz und schwarzen Pfeffer zurückbehalten, um den Glasrand zu garnieren. Dazu einfach den angefeuchteten Rand leicht in das Salz-Pfeffer-Gemisch drücken.

White Lady (oder Delilah)

Einer von Ernest Hemingways Lieblingscocktails, den er auch in seinem letzten Roman Inseln im Strom verewigte.

Zutaten:

- 5 cl Gin
- 2 cl Cointerau
- 1 Eiweiß
- 2 cl Zitronensaft

Zubereitung:

Das Eiweiß in den Shaker geben und mit einem Quirl aufschäumen. Etwas Eis, den Gin und den Cointreau dazugeben und alles zusammen kräftig schütteln. Anschließend in ein gekühltes Martini- oder Coupeglas abgießen.

Tipp:

Das Originalrezept aus den 20er Jahren kommt noch ohne Eiweiß aus. Diese Version wird heute oftmals unter dem Namen Delilah angeboten.

Pink Lady

Eine Variation der White Lady mit einem Schuss farbgebendem Grenadine.

Zutaten:

- 5 cl Gin
- 2 cl Cointerau
- 1 Eiweiß
- 2 cl Zitronensaft
- 1 Schuss Grenadine Sirup

Zubereitung:

Das Eiweiß in den Shaker geben und aufschäumen. Etwas Eis zusammen mit den restlichen Zutaten dazugeben und alles zusammen gut durchschütteln. Anschließend in ein Martini- oder Coupeglas abgießen.

Tipp:

Gut gekühlte Gläser sorgen dafür, dass die Cocktails auch ohne verwässerndes Eis kalt bleiben.

Monkey Gland

Viele amerikanische Barbesitzer und Barkeeper verbrachten die Zeit der Prohibition um europäischen Exil. Unter ihnen auch Harry McElhone, der in seiner Harry`s New York Bar in Paris 1027 den Monkey Gland erschuf und damit genau den Zeitgeist traf.

Zutaten:

- 4 cl Gin
- 4 cl Orangensaft
- 1 TL Grenadine
- 1 TL Absinth

Zubereitung:

Die Zutaten alle zusammen in den Shaker füllen und mit etwas Eis etwa 15 Sekunden lang kräftig schütteln. In ein Martini- oder Coupeglas abseihen.

Tipp:

In einer weiteren Version des Monkey Gland wird der Absinth durch einen Kräuterlikör ersetzt.

Clover Club

Der Clover Club stammt bereits aus der Zeit um die Jahrhundertwende und geriet, ganz im Gegensatz zu der Geschichte der meisten Gin-Cocktails, während der Prohibitionszeit etwas in Vergessenheit.

Zutaten:

- 6 cl Gin
- 3 cl Zitronensaft
- 2 cl Himbeersirup
- 1 Eiweiß

Zubereitung:

Die Zutaten zusammen mit viel Eis in einen Shaker füllen, gut schütteln und dann in eine Cocktailschale abseihen.

Tipp:

Einige frische Himbeeren auf einen Spieß auffädeln und zur Dekoration über das Glas legen.

Schnelle Rezepte

Bronx

Der Bronx zählte zu den beliebtesten Cocktails im Amerika der 1920er Jahre. So wenig war er von den Gartenpartys der Oberschicht wegzudenken, dass sich F. Scott Fitzgeralds berühmter Romanheld Jay Gatsby sogar eigens eine Saftpresse zulegte, um ihn seinen Gästen anbieten zu können.

Zutaten:

- 5 cl Gin
- 1 cl trockener Wermut
- 1 cl süßer Wermut
- 3 cl Orangensaft

Zubereitung:

Den Gin, beide Wermuts und den Orangensaft in einen mit viel Eis aufgefüllten Shaker geben und gut schütteln. In eine vorher gekühltes Martiniglas abseihen.

Tipp:

Gatsby hatte die richtige Idee. Mit frisch gepresstem Orangensaft schmeckt der Bronx gleich nochmal so gut.

Wodka Gin Limette

Der Name ist hier quasi auch schon das Rezept: Wodka, Gin, Limette. Zu fast gleichen Teilen.

Zutaten:

- 3 cl Gin
- 3 cl Wodka
- 1 Limette

Zubereitung:

Die Limette auspressen. Den Saft, den Wodka und den Gin zusammen mit ein paar Eiswürfeln in den Cocktailshaker geben. Kräftig schütteln. Anschließend wird der Drink durch ein feines Sieb in einen mit frischen Eiswürfeln gefüllten Tumbler abgegossen.

Tipp:

Am Anfang etwas von der Schale der Limette für die Dekoration aufbewahren.

Erdbeer Gin & Tonic

Der Erdbeer Gin & Tonic ist eine schnelle und fruchtige Variante des Gin-Klassikers für die warme Jahreszeit.

Zutaten:

- 5 cl Gin
- 20 cl Grapefruitsaft
- 2 cl Erdbeersirup
- 2 frische Erdbeeren

Zubereitung:

Die Erdbeeren waschen und je nach Vorliebe in Spalten oder Scheiben schneiden. Eiswürfel in ein Highballglas geben. Den Gin und den Erdbeersirup dazu gießen und alles gut miteinander verrühren. Mit dem Tonic Water aufgießen und mit frischen Erdbeeren garnieren.

Tipp:

Für die Gartenparty in großer Menge im Pitcher zubereiten.

Salty Dog

Ein weiterer Klassiker, für den es nur weniger Zutaten und noch weniger Zeit bedarf. Der Salty Dog ergänzt das saure Geschmacksprofil eines typischen Sours mit einer salzigen Note.

Zutaten:

- 5 cl Gin
- 10 cl Grapefruitsaft
- Salz für den Glasrand

Zubereitung:

Ein Highballglas oder einen Tumbler mit einem Salzrand versehen, indem der leicht angefeuchtete Glasrand in etwas Salz gedrückt wird, und mit Eiswürfeln füllen. Den Gin und den Grapefruitsaft im Cocktailshaker kräftig schütteln und in das vorbereitete Glas gießen.

Tipp:

Für etwas mehr Durchschlagskraft kann mit dem Verhältnis von Gin und Grapefruitsaft gespielt werden.

Tuxedo

Der Tuxedo Cocktail trägt stolz den Namen seines Geburtsortes: der Tuxedo Club in Orange County, New York.

Zutaten:

- 5 cl Gin
- 5 cl trockener Wermut
- 1 Spritzer Orangenbitter
- 1 Spritzer Maraschinolikör
- 1 Spritzer Absinth

Zubereitung:

Alle Zutaten in ein mit viel Eis gefülltes Rührglas geben, umrühren und in ein Martiniglas abseihen.

Tipp:

Mit einer Spirale aus Zitronenschale garnieren.

Vesper

So trinkt Agent 007 seinen Martini.

Zutaten:

- 5 cl Gin
- 2 cl Wodka
- 1 cl Lillet Blanc

Zubereitung:

Alle Zutaten in einem Cocktailshaker auf viel Eis gut schütteln. In ein gekühltes Martiniglas abgießen.

Tipp:

Der Vesper wird kürzer geschüttelt als die üblichen 15 Sekunden bei anderen Cocktails. Begnügen sie sich mit etwa der Hälfte, um den Drink nicht zu verwässern.

Gin Alexander

Der Gin Alexander ist dank seiner sahnigen Konsistenz besonders als Digestif beliebt.

Zutaten:

- 3 cl Gin
- 3 cl Creme de Cacao
- 3 cl Sahne
- Muskatnuss

Zubereitung:

Den Gin mit der Creme de Cacao und der Sahne in den Shaker geben. Mit Eiswürfeln auffüllen und kräftig schütteln. In ein gekühltes Martiniglas abgießen und etwas Muskatnuss darüber reiben.

Tipp:

Für eine schokoladige Variante ersetzt man einfach den Crem de Cacao Likör durch einen entsprechenden Schokoladenlikör.

Gin Sour

Das fruchtig-säuerliche Zusammenspiel von Gin und Zitrone machen den Gin Sour zu einem typischen Vertreter der Familie der Sour Cocktails.

Zutaten:

- 4 cl Gin
- 2 cl Zitronensaft
- 1 cl Zuckersirup

Zubereitung:

Die Zutaten mit viel Eis im Cocktailshaker kräftig schütteln und durch ein feines Sieb in einen Tumbler abgießen.

Tipp:

Markantere Gin-Marken eignen sich besonders für einen Gin Sours, da der Geschmack des Gins in ihm besonders zum tragen kommt.

Hanky Panky

Der Hanky Panky wurde speziell für den Stummfilmstar Charles Hawtrey erfunden, nachdem dieser die Barkeeperin Ada Coleman in der Bar des Savoy Hotels um einen Drink mit etwas Kick gegen seine Müdigkeit gebeten hatte.

Zutaten:

- 5 cl Dry Gin
- 5 cl süßer Wermut
- 2 Spritzer Fernet Branca

Zubereitung:

Alle Zutaten in einem großen Rührglas auf Eis gut verrühren. Anschließend in ein gekühltes Martiniglas abseihen und mit etwas Orangenschale dekorieren.

Tipp:

Der Hanky Panky braucht einen markant schmeckenden Gin, der sich nicht vom Fernet Branca unterbuttern lässt.

Gibson

Der Gibson ist eine der bekanntesten Spielarten des berühmten Martini Cocktails. Als dem Barkeeper des New York Players Clubs eines Tages die Oliven ausgingen, servierte er die Martinis kurzerhand mit Silberzwiebeln. Und der Gibson war geboren.

Zutaten:

- 6 cl Gin
- 2 cl trockener Wermut
- 1-3 Silberzwiebeln

Zubereitung:

Den Gin und den Wermut in einem Rührglas mit Eis verrühren und in ein gekühltes Martiniglas abseihen. Mit den Silberzwiebeln garnieren.

Tipp:

Wer die ultimative Kontrolle über das Geschmacksprofil des Gibsons will, kann die Silberzwiebeln selber einlegen.

Frische Rezepte

Gin Fizz

Oft als kleiner Bruder des Gon Tonics oder als geschüttelter Tom Collins missverstanden, ist der Gin Fizz in Wahrheit der perfekte erfrischende Sommercocktail.

Zutaten:

- 5 cl Gin
- 3 cl Zitronensaft
- 1 cl Zuckersirup
- Sodawasser

Zubereitung:

Den Gin mit dem Limettensaft, dem Zuckersirup und viel Eis zusammen in einen Shaker füllen und gut schütteln. In ein schmales Highballglas abseihen. Mit dem Sodawasser auffüllen.

Tipp:

Perfekt gelungen ist ein Fizz, wenn er eine leichte Schaumkrone hat.

Optimist

Der Optimist hat sich seinen Namen redlich verdient. Alles andere als optimistische Gedanken sind beim Genuss dieses fruchtigen Cocktails unvorstellbar.

Zutaten:

- 3 cl Gin
- 2 cl Creme de Cassis
- 2 cl Ananassaft
- 1 cl Maracujasirup
- Orangensaft

Zubereitung:

Die Zutaten bis auf den Orangensaft und die Creme de Cassis in einen Shaker geben und zusammen mit etwas Eis gut schütteln. In ein bereitstehendes Highball- oder Highballglas abseihen und mit dem Orangensaft auffüllen. Zum Schluss die Creme de Cassis langsam über einen Löffel einlaufen lassen.

Tipp:

Ein kleiner Spritzer Maracujasirup fügt eine weitere tropische Note hinzu.

Blueberry Gin & Tonic

Hier trifft der klassische Gin & Tonic auf das Superfood Blaubeere!

Zutaten:

- 4 cl Gin
- 1 cl Blaubeersirup
- 10 cl Tonic Water
- 1 handvoll Blaubeeren

Zubereitung:

Den Gin und den Blaubeersirup in ein Highballglas geben und verrühren. Das Glas mit Eis und Blaubeeren auffüllen und das Tonic Water dazugießen.

Tipp:

Einiger Minzblätter sind nicht nur eine schöne Garnitur, sondern ergänzen auch wunderbar den Geschmack des Blueberry Gin & Tonic.

Raspberry Thyme Smash

Ein junger Cocktail, aber trotzdem schon ein Star, das ist der Raspberry Thyme Smash, der vor etwa 10 Jahren die Szene betrat.

Zutaten:

- 6 cl Gin
- 3 cl Limettensaft
- 6-10 Himbeeren
- 2 cl Zuckersirup
- 1 Zweig Thymian

Zubereitung:

Die Himbeeren mit dem Thymian in den Shaker geben und mit einem Stößel zerdrücken. Die restlichen Zutaten sowie einige Eiswürfel dazu geben und alles zusammen kräftig schütteln. Durch ein feines Sieb in einen Tumbler auf frisches Crushed Ice abseihen.

Tipp:

Mit einem weiteren Zweig Thymian garnieren.

Orange Blossom

Der Orange Blossom ist ein weiterer Gin-Cocktail, der seine Wurzeln in der Prohibitionszeit hat.

Zutaten:

- 5 cl Gin
- 5 cl Orangensaft
- 1 cl Triple Sec
- 1 Spritzer Fleurs d'orange

Zubereitung:

Alle Zutaten in einen Cocktailshaker geben und diesen mit Eiswürfeln auffüllen. Kräftig schütteln und anschließend in eine Cocktailschale oder ein Martiniglas abseihen.

Tipp:

Der Orange Blossom wird auch „on the rocks" genossen, dann aus einem Tumbler statt aus der Cocktailschale.

Gin Rickey

Der Gin Ricky wurde Anfang des 20. Jahrhunderts in Washington D.C. erfunden und dort feierte er Anfang des 21. Jahrhunderts auch sein Comeback. Die D.C. Craft Bartenders Guild erklärte sogar den Juli zum Rickey Monat in Washington.

Zutaten:

- 4 cl Gin
- 2 cl Limettensaft
- 1 cl Zuckersirup
- Sodawasser

Zubereitung:

Den Gin, den Limettensaft und den Zuckersirup zusammen mit viel Eis in den Cocktailshaker füllen. Gut schütteln und anschließend durch ein Sieb in ein Highballglas gießen. Mit Sodawasser auffüllen.

Tipp:

Einen extra-saurern Kick verleiht es dem Rickey, wenn man den Glasrand mit etwas Zitronensaft benetzt.

Bramble

Der Bramble wurde 1984 in London erfunden und gehört seitdem zu den modernen Cocktail-Klassikern.

Zutaten:

- 5 cl Gin
- 2 cl Zitronensaft
- 1 cl Zuckersirup
- 8 Brombeeren
- Crushed Ice

Zubereitung:

Als erstes werden die Brombeeren (halten sie ein paar für die Dekoration zurück) in einen Tumblr gegeben und zerstampft. Anschließend wird der Tumbler mit Crushed Ice aufgefüllt bevor der Gin, der Zitronensaft und der Sirup hinzugegeben werden. Alles gut miteinander verrühren und mit den verbliebenen Beeren ganieren.

Tipp:

Am besten schmecht der Bramble mit selbstgepflückten Brombeeren.

Gin Buck

Fans des Gin Buck vor allem seine Einfachheit.

Zutaten:

- 4 cl Gin
- 10 cl Ginger Ale
- 1 Spritzer Zitronensaft

Zubereitung:

Den Gin zusammen mit dem Zitronensaft in ein mit viel Eis gefülltes Highballglas geben. Mit Ginger Ale auffüllen.

Tipp:

Nach Belieben mit etwas Zitronenschale oder einer Zitronenscheibe dekorieren.

Cucumber Mint Gin Fizz

Die Kombination von Minze, Zitrone und Gurke macht diesen Gin Fizz noch erfrischender als seinen Namensvetter.

Zutaten:

- 6 cl Gin
- 6-8 Blätter Minze
- Gurke
- 1 Spritzer Zitronensaft
- Tonic Water

Zubereitung:

Die Gurke schälen und in Würfel schneiden. Die Minzblätter zuerst in ein Rührglas geben und mit einem Stößel leicht zerdrücken. Eine handvoll Gurkenwürfel sowie den Gin dazugeben. Das Glas mit Frischhaltefolie zudecken und 2 Stunden in den Kühlschrank stellen. Nach 2 Stunden ein Highballglas mit Eiswürfeln füllen, den Limettensaft hineingeben und den infusionierten Gin durch ein feines Sieb ebenfalls in das Glas abseihen. Mit dem Tonic Water auffüllen.

Tipp:

Neben der Minze oder statt ihrer passen auch einige Basilikumblätter gut zu diesem sommerlichen Gin Fizz.

Watermelon Gin & Tonic

Der Watermelon Gin & Tonic ist eine sommerliche Spielart des Klassikers.

Zutaten:

- 6 cl Gin
- 6 cl Wassermelonensaft
- 6 cl Tonic Water
- 1 Spritzer Zitronensaft

Zubereitung:

Den Gin, den Wassermelonen- und den Zitronensaft mit viel Eis in den Cocktailshaker geben und kräftig schütteln. In ein mit frischen Eis gefülltes Highballglas abseihen und mit dem Tonic Water auffüllen. Mit einer Spalte Wassermelone garnieren.

Tipp:

Kann für sommerliche Gartenpartys auch in größeren Mengen im Pitcher oder als Bowle mit Wassermelonenstücken zubereitet werden.

Exotische Rezepte

Banana Flip

Mit Bananelikör und einem Schuss Sahne sorgt der Banana Flip sofort für Urlaubsgefühle.

Zutaten:

- 2 cl Gin
- 3 cl Creme de Bananas (Likör)
- 2 cl Sahne
- 1 cl Zuckersirup
- 1 Eigelb
- 1 Prise Muskatnuss

Zubereitung:

Alle Zutaten zusammen mit viel Eis in einen Cocktailshaker füllen. Gut schütteln und anschließend in ein Longdrink- oder Hurricaneglas abseihen.

Tipp:

Wer frische Muskatnuss zur Hand hat, reibt diese erst ganz zum Schluss über den fertigen Cocktail.

Tropical Orange

Der Tropical Orange ist ein besonders farbenfroher tropischer Fruchtcocktail.

Zutaten:

- 2 cl Gin
- 3 cl Orangenlikör
- 4 cl Grapefruitsaft
- 6 cl Orangensaft

Zubereitung:

Alle Zutaten zusammen mit viel Eis in einen Cocktailshaker füllen. Gut schütteln und anschließend durch ein Sieb in ein Hurricaneglas auf frisches Eis abgießen.

Tipp:

Mit einer Orangen- oder Ananasscheibe und einer Maraschino-Kirsche garnieren.

Golden Dawn

Ein simpler Cocktail mit leicht säuerlichem Geschmack, dem noch immer zu wenig Beachtung geschenkt wird.

Zutaten:

- 3 cl Gin
- 2 cl Apricot Brandy
- 1 Spritzer Grenadine
- 6 cl Orangensaft

Zubereitung:

Die Zutaten in einen Cocktailshaker mit viel Eis füllen. Kräftig schütteln und anschließend durch ein Sieb in ein Martiniglas abgießen.

Tipp:

In manchen Varianten wird der Golden Dawn mit etwas Calvados veredelt.

Mango Gin

Eine fruchtige, aber leichte Wahl für warme Sommerabende.

Zutaten:

- 3 cl Gin
- 12 cl Bitter Lemon
- 1 cl Zuckersirup
- 40 g Mango

Zubereitung:

Die Mango schälen und in kleine Stücke schneiden. Mit dem Zuckersirup oder alternativ einem TL Zucker zusammen in einem Glas geben und gut vermengen. Dabei die Mango kräftig zerdrücken. Den Gin und etwas Crushed Ice dazugeben. Mit eiskaltem Bitter Lemon auffüllen.

Tipp:

Schmeckt auch als Frozen Variante. Dazu alle Zutaten samt des Crushed Ice in den Mixer werfen und pürieren bis die gewünschte Konsistenz erreicht ist.

Jungle Juice

Der Inbegriff des exotischen Cocktails!

Zutaten:

- 2 cl Gin
- 1 cl Apricot Brandy
- 4 cl grüner Bananenlikör
- 1 cl Zitronensaft
- Orangensaft

Zubereitung:

Die Zutaten auf viel Eis im Boston Shaker kräftig schütteln. In ein mit frischen Eiswürfeln gefülltes Hurricaneglas abseihen.

Tipp:

Zu dem giftgrünen Drink lieber eine Sternfrucht als Dekoration nehmen als die allgegenwärtige Ananas.

Park Avenue Martini

Der Park Avenue Martini ist die Variante für alle, denen der klassische Martini zu trocken und herb ist.

Zutaten:

- 6 cl Gin
- 1,5 cl süßer Wermut
- 1,5 cl Triple Sec
- 3 cl Ananassaft
- 1 Spritzer Orangenbitter

Zubereitung:

Die Zutaten in einen mit Eis gefüllten Cocktailshaker füllen und gründlich schütteln. In ein gekühltes Martiniglas abgießen.

Tipp:

Ideal für Gins mit einem milderen Geschmacksprofil.

Green Dragon

Der Green Dragon verdankt seine tiefe grüne Farbe und daher auch seinen Namen dem Pfefferminzlikör.

Zutaten:

- 6 cl Gin
- 1,5 cl Limettensaft
- 1,5 cl Creme de Menthe
- 2 Spritzer Angostura Bitter

Zubereitung:

Den Gin, den Limettensaft und den Angostura zusammen mit der Creme de Menthe in einen mit viel Eis gefüllten Boston Shaker geben und gut schütteln. In ein gekühltes Martiniglas abseihen.

Tipp:

Mit etwas Minze garnieren.

Coconut Gin & Tonic

Der Exot unter den Gin & Tonics.

Zutaten:

- 6 cl Gin
- 6 cl Kokoswasser
- 6 cl Tonic Water
- 1 Limette
- 2-4 Blätter Minze

Zubereitung:

Die Limette in Spalten schneiden und zusammen mit 2 Minzblättern in das Glas geben. Die Mischung mit dem Stößel leicht zerdrücken. Das Glas mit Eiswürfeln füllen und dann den Gin, das Kokoswasser und das Tonic Water hinzugießen. Mit den verbliebenen Minzblättern garnieren.

Tipp:

Für nur einen ganz leichten Kokosgeschmack am Gin & Tonic, einfach das Kokoswasser in einer Eiswürfelform einfrieren und in einem Standard-Gin Tonic verwenden.

Blue Blooded

Kunterbunter Gute-Laune-Cocktail für die Sommerparty.

Zutaten:

- 4 cl Gin
- 4 cl Maracujasaft
- Mango
- 2 Spritzer Blue Curacao
- Crushed Ice

Zubereitung:

Den Gin zusammen mit dem Maracujasaft, etwas Eis und den Mangowürfeln in einen Mixer geben und pürieren. In eine mit Crushed Ice gefülltes Highballglas umgießen und anschließend den Blue Curacao darüber laufen lassen.

Tipp:

An Stelle der Mango lohnt es sich auch einmal Honigmelone oder Pfirsich auszuprobieren.

Seven Seas

Die exotische Variante des Gin & Tonic.

Zutaten:

- 3 cl Gin
- 6 cl grüner Bananenlikör
- 1,5 cl Creme de Bananas (Likör)
- 18 cl Tonic Water

Zubereitung:

Alle Zutaten außer dem Tonic Water in einem Shaker mit viel Eis gut schütteln. In ein mit frischen Eiswürfeln gefülltes Highballglas abgießen und mit dem Tonic Water auffüllen.

Tipp:

Eine Fotogelegenheit für Gin Tonic-Fanatiker, die selten so ein farbenfrohes Getränk in der Hand haben.

Newcomer Rezepte

Lord Bull

Der Gin-Cocktail, der Flügel verleiht.

Zutaten:

- 3 cl Gin
- 4 cl Red Bull

Zubereitung:

Den Gin zusammen mit dem Red Bull und etwas Eis in einen Tumbler füllen und verrühren.

Tipp:

Der Lord macht simple on the rocks einfach am meisten her. Bloß nicht garnieren oder gar mit Strohhalm trinken.

Frozen Gin Tonic

Einen erfrischenderen Gin Tonic gibt es nicht.

Zutaten:

- 6 cl Gin
- 0,5 l Tonic Water
- 1 cl Zuckersirup
- 1 Spritzer Limettensaft

Zubereitung:

Das Tonic Wasser in eine herkömmliche Eiswürfelform füllen und im Tiefkühlfach einfrieren. Den Gin, den Zuckersirup und den Limettensaft zusammen mit den Toniceiswürfeln in einen Mixer geben und durchmixen bis alles gut vermengt und eine Slushie-artige Konsistenz erreicht ist. Je nach Stärke des Mixers müssen die Eiswürfel eventuell nach und nach hinzugegeben werden. In ein geeistes Glas umfüllen.

Tipp:

Im Supermarkt gibt es Eiskugelbeutel zur Herrstellung von Crushed Ice im eigenen Tiefkühlfach. Die kleineren Kugeln machen es herkömmlichen Mixern etwas einfacher als die großen Würfel aus der Form.

Gin Gin Mule

Der Gin Gin Mule ist ein Newcomer aus New York. Das zweite Gin ins einem Namen steht für das Ginger Beer.

Zutaten:

- 5 cl Gin
- 3 cl Limettensaft
- 3 cl Zuckersirup
- 6-10 Blätter Minze
- Ginger Beer

Zubereitung:

Die Minze zusammen mit dem Limettensaft und dem Zuckersirup in den Shaker geben und zunächst am Boden sanft zerdrücken. Dann den Gin hinzugeben und alles zusammen mit ein paar Eiswürfeln gut schütteln. Durch ein Sieb in ein bereitstehendes Glas mit frischen Eiswürfeln abgießen und mit dem Ginger Beer auffüllen. Mit ein wenig Minze garnieren.

Tipp:

Der Gin Gin Mule verlangt nach einem Wacholder-lastigen Gin.

Gin Basil Smash

Der Gin Basil Smash ist ein echtes Hamburger Kind, denn in der norddeutschen Hansestadt startete er 2008 seinen Siegeszug.

Zutaten:

- 6 cl Gin
- 2 cl Zitronensaft
- 6-8 Blätter Basilikum
- 2 cl Zuckersirup

Zubereitung:

Die Basilikumblätter in den Shaker geben und mit dem Stößel zerdrücken. Die restlichen Zutaten sowie Eiswürfel dazugeben und alles gründlich schütteln. Mithilfe des Barsieb auf frisches Eis abseihen. Der Gin Basil Smash wird in einem Tumbler serviert.

Tipp:

Die Basilikumblätter auf jedem Fall mit Stängel in den Shaker geben. Denn nur so erhält der Gin Basil Smash seine unverwechslbare grüne Färbung.

Breakfast Martini

Dass der Martini ein Getränk für jede Tageszeit ist, haben wir schon immer vermutet. Der Breakfast Martini macht es offiziell.

Zutaten:

- 4 cl Gin
- 1 cl Triple Sec
- 2 cl Zitronensaft
- 2 TL Orangenmarmelade

Zubereitung:

Die Zutaten zusammen mit viel Eis in den Cocktailshaker füllen und gut schütteln. Ohne Eiswürfel in ein Martiniglas abgießen.

Tipp:

Der Star des Breakfast Martini Rezepts ist die Marmelade. Am besten geeignet ist eine gute englische Orangenmarmelade mit dünnen Schalenstücken.

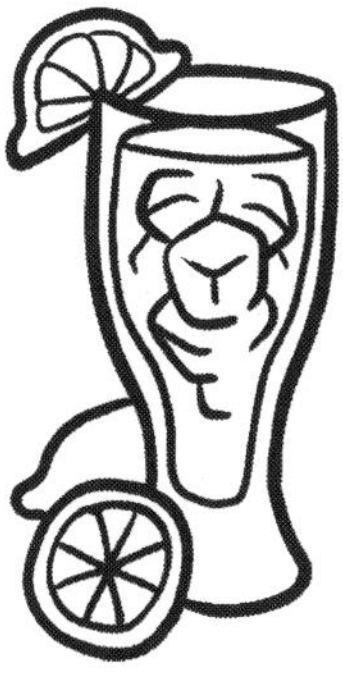

Soho Sling

Eine neue, herbstliche Variante des guten, alten Slings.

Zutaten:

- 4 cl Gin
- 5 cl naturtrüber Apfelsaft
- 2 cl Limettensaft
- Ginger Beer

Zubereitung:

Ein hohes Glas mit Eiswürfeln füllen und dann den Gin, den Apfelsaft und den Limettensaft hineingeben und mit Ginger Beer aufgießen.

Tipp:

Mit einer Apfelscheibe garnieren.

Ginger Rogers

Diese Rezept der Barkeeper Kathy Flick and Marcovaldo Dionysos ist quasi eine Coverversion des Favorite Cocktails.

Zutaten:

- 5 cl Gin
- 3 cl Limettensaft
- 3 cl Ingwersirup
- 6-8 Blätter Minze
- Ginger Ale

Zubereitung:

Die Minzblätter zusammen mit dem Ingwersirup in hohes Glas geben und mit einem Stößel etwas zerdrücken. Das Glas anschließend mit Eis auffüllen und dann den Gin und den Limettensaft hineingießen. Mit dem Ginger Ale aufgießen. Vorsichtig umrühren.

Tipp:

Zur Dekoration einen ganzen Strauß Minze auf dem Glas schwimmen lassen.

Five A Day

Der Five A Day betratt 2016 als Gewinner eines Cocktailwettbewerbs die Szene.

Zutaten:

- 6 cl Gin
- 3 cl Zitronensaft
- 3 cl Selleriesaft
- 2 Zweige Rosmarin
- 1 Prise Salz
- 2 TL Zucker
- trockener Sekt

Zubereitung:

Einen der Rosmarinzweige mit Salz und Zucker im Shaker andrücken. Den Gin, den Zitronen- und den Selleriesaft dazugeben und alles zusammen kräftig schütteln. In ein Kelchglas abseihen und mit dem Sekt auffüllen.

Tipp:

Besonders geeignet als Brunch- oder Aperitif-Cocktail.

Mr. Pink

Ein frischer sommerlicher Cocktail mit wunderschöner Farbe.

Zutaten:

- 5 cl Gin
- 6 cl Grapefruitsaft
- 3 cl Rosmarinsirup
- 2 Spritzer Agostura Bitter
- Crushed Ice

Zubereitung:

Alle Zutaten in einem Cocktailshaker gut schütteln und dann einen Tumbler gießen. Etwas Crushed Ice darauf geben.

Tipp:

Mit einer Scheibe Grapefruit und etwas Rosmarin dekorieren.

Frozemary

Ein fruchtiger Frozen Cocktail für die Hundstage des Sommers.

Zutaten:

- 2,5 cl Gin
- 2,5 cl Aperol
- 2,5 cl Rosewein
- 5 Erdbeeren
- Crushed Ice

Zubereitung:

Die Erbeeren waschen und putzen. Anschließend werden sie mit dem Stößel zerdrückt oder im Mixer püriert. Das erhaltene Erdbeerpüree kommt zusammen mit den restlichen Zutaten in den Cocktailshaker. Kräftig schütteln bis alles gut vermengt ist. Durch ein feines Sieb in einen geeisten und mit frischen Crushed Iced gefüllten Tumbler abseihen.

Tipp:

Erdbeeren einfrieren und den Frozenmary statt im Shaker im Mixer zubereiten.

Rezepte aus der Heimat

Schwarzwald Säuerling

Ein junger deutscher Cocktail, der die regionalen Aromen des Schwarzwalds zusammenbringt und auf kalten Steinen serviert wird.

Zutaten:

- 4 cl Gin
- 1 cl Fichtensprossengeist (Obstbrand)
- 2 cl Verjus Royal
- 1 cl Apfeldicksaft
- Mineralwasser

Zubereitung:

Alle Zutaten außer dem Mineralwasser in einen Cocktailshaker geben und auf Eis gut schütteln. Ein gekühltes Glas mit gekühlten Kieselsteinen füllen und das Mineralwasser dazugeben. Den fertigen Drink darauf abseihen und vorsichtig umrühren.

Tipp:

Ein Sauerampferblatt dekoriert das Original.

Glüh Gin

Eine winterliche Alternative zum Glühwein. Nicht nur für Gin-Liebhaber.

Zutaten:

- 2 cl Gin
- Apfelsaft
- frischer Ingwer
- 1 Zimtstange
- Gewürznelken
- Orangenschale Schale einer Orange
- 1 Messerspitze Piment

Zubereitung:

Den Ingwer klein hacken und die Orangenschale abreiben. Die Gewürze ca. 15-20 Minuten in dem Apfelsaft langsam erhitzen, aber nicht zum kochen bringen. Anschließend den den heißen Saft in Becher oder hitzebeständige Gläser füllen und mit 2 cl Gin auffüllen.

Tipp:

Wenn man statt eines hellen Gins einen Sloe Gin verwendet, erhält man eine süßere, fruchtigere und vor allem rote Variante, die einem Glühwein auch optisch ähnelt.

Munich Mule

Ob der Munich Mule wirklich aus München stammt, ist umstritten. Glaubwürdig ist es auf jeden Fall. München beherbergt eine der lebhaftesten Gin-Szenen Deutschlands.

Zutaten:

- 5 cl Gin
- 2 cl Limettensaft
- Gurkenscheiben
- 8 cl Ingwer Beer

Zubereitung:

Die flüssigen Zutaten direkt im Glas auf Eis miteinander verrühren. Mit der Gurke garnieren.

Tipp:

Statt immer wieder Scheiben zu verwenden, kann man die aufgeschnittene Gurke der Länge nach mit dem Spargelschäler abschälen. So erhält man ein langes Gurkenblatt, welches man zur Dekoration schräg ins Glas wickelt.

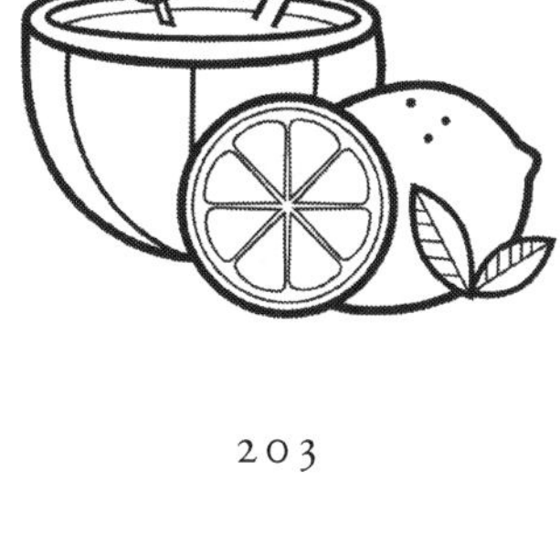

Grüner Apfel Gin

Der Appletini war gestern.

Zutaten:

- 2 cl Gin
- 2 cl Apfelsaft
- 2 cl Limettensaft
- 1/2 grüner Apfel

Zubereitung:

Den Apfel gründlich waschen und in dünne Scheiben schneiden. Den Gin, den Apfelsaft und den Limettensaft mit viel Eis im Shaker gut schütteln. In ein Highballglas abseihen und mit den Apfelscheiben garnieren.

Tipp:

Die Apfelscheiben mit etwas Zitronensaft beträufeln, damit sie nicht braun werden.

Grassnost

Ein Gin-Cocktail der die beiden angesagten Zutaten Holunderblüte und Gurke zusammenbringt.

Zutaten:

- 4 cl Gin
- 2 cl Zitronensaft
- 2 cl Holunderblütensirup
- 1/2 Salatgurke
- 16 cl Booster Green Grass

Zubereitung:

Die Salatgurke waschen und ungeschält kleinschneiden. Zusammen mit dem Zitronensaft und dem Gin im Mixer pürieren. Das Püree mit dem Holunderblütensirup und viel Eis in den Shaker füllen und gründlich schütteln. Durch ein feines Sieb in einen Tumbler abseihen. Mit dem Energy Drink Booster Green Grass auffüllen.

Tipp:

Der Booster Green Grass kann durch jeden anderen Energy Drink ersetzt werden. Er eignet sich allerdings aufgrund seiner grünen Farbe besonders schön für diesen Cocktail.

Spritzige Rezepte

Mc Fly

Ein prickliger Sekt-Cocktail für besondere Anlässe.

Zutaten:

- 2 cl Gin
- 2 cl Zitronensaft
- 3 cl Sekt

Zubereitung:

Den Gin zusammen mit dem Zitronensaft und einigen Eiswürfel kräftig schütteln. Anschließend in eine Cocktailschale abseihen und mit dem Sekt aufgießen.

Tipp:

Cocktailkirsche in das Glas sinken lassen.

Ginny

Ein weiterer Preisgekrönter Cocktail. Der Ginny schaffte es 1984 bei der International Cocktail Competition in Hamburg auf das Podium.

Zutaten:

- 4 cl Gin
- 2 cl roten Wermut
- 2 cl roten Grenadine
- 4 cl roten Zitronensaft
- Tonic Water

Zubereitung:

Alle Zutaten außer dem Tonic Water in ein Rührglas geben und auf etwas Eis gründlich verrühren. Mithilfe des Barsiebs in ein hohes Highballglas abgießen und mit dem kaltem Tonic Water auffüllen.

Tipp:

Mit einer Limettenscheibe garnieren.

Tom Collins

Der Tom Collins ist einer der ältesten belegten Gin Sour-Cocktails.

Zutaten:

- 5 cl Gin
- 3 cl Zitronensaft
- 3 cl Zuckersirup
- Eiswürfel
- Mineralwasser

Zubereitung:

Die Zutaten gut verrühren und in ein hohes mit Eiswürfeln gefülltes Glas geben. Mit Mineralwasser auffüllen. Mit einer Zitronenscheibe garnieren.

Tipp:

In einem Tom Collins gehört standesgemäß ein Old Tom Gin.

Beverly Hills Iced Tea

Angelehnt an den Long Island Ice Tea, ebenso stark, aber mit einem luxuriösen Twist.

Zutaten:

- 1 cl Gin
- 1 cl Wodka
- 1 cl Cointreau
- 1 cl Limettensaft
- 2 cl Zuckersirup
- 4 cl Champagner

Zubereitung:

Alle Zutaten außer dem Champagner in einen Cocktailshaker mit viel Eis geben. Gut schütteln und anschließend in ein mit frischem Eis gefülltes Glas abgießen. Mit dem Champagner auffüllen.

Tipp:

Der Champagner sollte eiskalt sein, da sonst die Eiswürfel zu schnell schmelzen und den Drink verwässern.

Moulin Rouge

Frischer, fruchtig und farbenfroh.

Zutaten:

- 2 cl Gin
- 2 cl Apricot Brandy
- 2 cl Zitronensaft
- 8 cl Champagner
- Eiswürfel

Zubereitung:

Alle Zutaten außer dem Champagner mit viel Eis in einen Cocktailshaker geben. Kräftig schütteln und anschließend in ein Martiniglas abseihen. Mit eiskaltem Champagner auffüllen.

Tipp:

Farblich passen tiefgefrorene Beeren als Dekoration und Eiswürfelersatz in diesen Cocktail.

French 75

Der French 75 ist ein weiterer Cocktail, der während den langen Jahren der Prohibition in Harry`s New York Bar in Paris entstand.

Zutaten:

- 5 cl Gin
- 4 cl Zitronensaft
- 2 TL Puderzucker
- 10 cl Champagner

Zubereitung:

Die Zutaten bis auf den Champagner in den Shaker geben, mit Eiswürfeln auffüllen und kräftig schütteln. In eine Cocktail-schale oder einen Sektkelch abseihen und mit Champagner auffüllen.

Tipp:

Dazu passt als Dekoration eine Cocktailkirsche.

Southside Royal

Wie bei vielen Gin Cocktails ranken sich auch um die Entstehung des Southside Royal wilde Mythen. Eine Erklärung, die wenn sie nicht war, so doch jedenfalls unterhaltsam ist, ist die, dass er während der Prohibition von der Chicagoer Southside Gang erdacht wurde, um den eigenen schwarzgebrannten Gin ins beste Licht zu rücken.

Zutaten:

- 2 cl Gin
- 2 cl Limettensaft
- 1 cl Zuckersirup
- 4 Blätter Minze
- Champagner

Zubereitung:

Die Minze zuerst in den Cocktailshaker geben und leicht zerdrücken. Den Gin, den Limettensaft und den Zuckersirup hinzufügen und zusammen mit einer handvoll Eiswürfeln gut schütteln. Anschließend ohne das Eis in ein gekühltes Martiniglas oder eine Cocktailschale umfüllen und mit dem Champagner auffüllen.

Tipp:

Wer keinen Champagner zur Hand hat, kann ihn mit eiskaltem Prosecco ersetzen.

Royal Orange Blossom

Nicht nur der Champagner, auch der Mandarine Wodka machen diese Spielart des klassischen Orange Blossom zu einem Geschmackserlebnis.

Zutaten:

- 2 cl Gin
- 6 cl Mandarine Wodka
- 2 cl Orangensaft
- Champagner

Zubereitung:

Alle Zutaten außer des Champagners mit viel Eis in einen Cocktailshaker geben und gut schütteln. Anschließend in eine Cocktailschale abseihen und mit dem eiskalten Champagner aufgießen.

Tipp:

Mit einer getrockneten Orangenscheibe garnieren.

Gin Sling

Die Gin Slings waren unter den ersten populären Gin-Mischgetränken.

Zutaten:

- 4 cl Gin
- 2 cl Zitronensaft
- 2 cl Zuckersirup
- Mineralwasser

Zubereitung:

Den Gin, den Zuckersirup und den Zitronensaft in einem Highballglas zusammen mit einigen Eiswürfeln verrühren. Mit Mineralwasser auffüllen.

Tipp:

Wer eine farbenfrohere Variante des klassischen Sling möchte, gibt zusätzlich 2 cl roten Wermut hinzu.

Fireball

Der Fireball sieht frisch und fruchtig aus, überrascht aber mit einer bitteren Note.

Zutaten:

- 2 cl Gin
- 3 cl Orangenbitter
- Tonic Water

Zubereitung:

Den Orangenbitter und dem Gin im Shaker auf Eis gut schütteln und anschließend in ein Highballglas abseihen. Mit dem Tonic Water auffüllen.

Tipp:

Mit etwas Orangenschale garnieren.

Rezepte aus aller Welt

Singapore Sling

Der fruchtige Singapore Sling wurde um 1915 im legendären Raffles Hotel der Stadt erfunden und ist noch heute der Signature Cocktail des Traditionshauses. An ihm kommt kein Singapurbesucher vorbei.

Zutaten:

- 4 cl Gin
- 2 cl Cherry Heering Liqueur
- 1 cl Grenadine
- 1 cl Cointreau
- 1 cl Bénédictine D.O.M. liqueur
- 15 cl Ananassaft
- 2 cl Limettensaft

Zubereitung:

Alle Zutaten in einen Cocktailshaker geben und gut schütteln. Anschließend in ein hohes mit frischem Eis gefülltes Hurricaneglas abseihen.

Tipp:

Der Singapore Sling wird traditionell mit einem Blatt Minze, einer Scheibe Zitrone oder Ananas und einer Maraschino-Kirsche garniert.

Havana Nights

Mit der kubanischen Hauptstadt hat der Cocktail wohl eher nicht viel zu tun und dennoch sorgt er für karibisches Stimmung.

Zutaten:

- 4 cl Gin
- 4 cl Rum
- 4 cl Blue Curacao
- 8 cl Kräuterlimonade
- 4 cl Orangensaft
- 16 cl Limettensaft

Zubereitung:

Alle Zutaten außer dem Blue Curacao in einen Cocktailshaker geben und diesen mit Eis auffüllen. Kräftig schütteln. Den Blue Curacao in ein Hurricane- oder Highballglas geben und den Inhalt des Shakers durch ein Sieb darauf gießen. Mit einer Orangenscheibe garnieren.

Tipp:

Dem Namen entsprechend mit Havana Club Rum zubereiten.

London Fog

Geradliniger Gin-Cocktail. Durch die Zugabe von Absinths wird der Gin leicht trübe wie der London im Nebel.

Zutaten:

- 6 cl Gin
- 2 cl Absinth

Zubereitung:

Einige Eiswürfel in einen Tumbler geben, den Gin und den Absinth dazugießen und miteinander verrühren.

Tipp:

Statt Absinth mal mit Pernod probieren.

London Fog Cutter

Auch wenn der Name es nicht gleich vermuten lässt, so handelt es sich bei dem London Fog Cutter im einen fruchtigen Tiki Drink, der seinen Ursprung in den Tiki-Bars des Kaliforniens der 1930er hat.

Zutaten:

- 4 cl Gin
- 4 cl Apfelsaft
- 5 cl Brandy
- 5 cl brauner Rum
- 2,5 cl Zitronensaft
- 1,5 cl Holundersirup
- 1,5 cl Maracujasirup

Zubereitung:

Alle Zutaten in den Shaker geben und mit viel Eis kräftig schütteln. In ein Highballglas oder wenn zur Hand stilecht in einen Tiki-Becker abgießen. Mit Crushed Ice bedecken.

Tipp:

Ein Cocktail der nach Schirmchen und Strohhalm verlangt.

Bologna

Herber Cocktail, der italienische Dolce Vita ins Glas zaubert.

Zutaten:

- 2 cl Gin
- 2 cl Aperol
- 2 cl trockener Wermut

Zubereitung:

Alle Zutaten in einem Rührglas mit viel Eis verrühren und anschließend in eine Cocktailschale abgießen.

Tipp:

Ganz italienisch sein und auf jegliche Dekoration verzichten.

Long Island Ice Tea

Sieht aus wie Eistee, schmeckt fast ein wenig wie hochprozentiger Eistee, entfaltet aber eine ganz andere Wirkung als Eistee. Ein amerikanischer Klassiker!

Zutaten:

- 2 cl Gin
- 2 cl Wodka
- 2 cl weißer Rum
- 2 cl Triple Sec
- 2 cl Zuckersirup
- Cola
- Zitrone

Zubereitung:

Alle Zutaten außer der Cola in den Cocktailshaker füllen und zusammen mit viel Eis kräftig schütteln. Anschließend in ein Highballglas abseihen und mit Cola auffüllen.

Tipp:

Eine Scheibe Zitrone über dem Drink ausdrücken und hineinfallen lassen.

Hawaiian Orange Blossom

Angelehnt an den klassischen Orange Blossom, aber noch fruchtiger.

Zutaten:

- 5 cl Gin
- 5 cl Orangensaft
- 2 cl Ananassaft
- 1 cl Triple Sec
- 1 Spritzer Fleurs d'orange

Zubereitung:

Alle Zutaten in einen Cocktailshaker geben und diesen mit Eiswürfeln auffüllen. Gut schütteln und anschließend in eine Cocktailschale oder eine Coupeglas abseihen.

Tipp:

Dazu Elvis Presley - „Aloha from Hawaii" auflegen.

Floradora

Benannt nach einem flotten Broadway-Musical über eine Showgruppe aus dem Jahr 1900.

Zutaten:

- 4 cl Gin
- 2 cl Himbeerlikör
- 2 cl Limettensaft
- Ginger Ale

Zubereitung:

Den Gin zusammen mit dem Limettensaft, dem Himbeerlikör und ein paar Eiswürfeln in ein Highballglas geben und gut verrühren. Mit Ginger Ale auffüllen.

Tipp:

Für einen weniger starken Drink, kann der Likör durch Himbeersirup ersetzt werden.

New Orleans Fizz

Der New Orleans wurde 1890 Ramos Brüdern in New Orleans kreiert. Er wird deshalb auch manchmal Ramos Fizz genannt.

Zutaten:

- 5 cl Gin
- 3 cl Zitronensaft
- 1 cl Orangenlikör
- 1 Eiweiß
- 1 TL Zuckersirup
- Mineralwasser

Zubereitung:

Alle Zutaten außer des Mineralwassers in den Cocktailshaker geben und kräftig schütteln. Anschließend in ein hohes Glas abseihen. Mit Mineralwasser aufgießen. Zur Dekoration eignet sich eine Orangenscheibe.

Tipp:

Zu einem New Orleans Fizz reicht man am besten typische salzige Barsnacks wie Erdnüsse, Chips oder Salzstangen.

Bombay Crushed

Der Bombay Crushed hat seinem Namen nicht etwa von der indischen Metropole, sondern von der beliebten Gin-Marke Bombay Sapphire.

Zutaten:

- 6 cl Gin
- 2 cl Limettensaft
- 4 Kumquats
- 2 TL brauner Zucker

Zubereitung:

Die Kumquats halbieren und anschließend zusammen mit dem braunen Zucker in ein Glas geben. Die Früchte mit einem Stößel etwas zerdrücken. Das Glas mit Crushed Ice auffüllen. Den Gin und den Limettensaft hinzugießen an zum Schluss alles gut miteinander verrühren.

Tipp:

Wem der Bombay Crushed zu stark ist, der gibt mehr Eis hinzu oder entschärft ihn mit etwas Ginger Ale.

Boston Tea Party

Der nach dem berühmten Aufstand benannte Cocktail ist, sein wir ehrlich, eine offene Kriegserklärung an den Long Island Ice Tea.

Zutaten:

- 2 cl Gin
- 2 cl Wodka
- 2 cl heller Rum
- 1 cl Grand Marnier
- 1 cl Tia Maria
- 8 cl Sweet & Sour Sirup
- Cola

Zubereitung:

Alle Zutaten außer der Cola in den mit Eis gefüllten Cocktailshaker geben und solange schütteln bis sich obenauf etwas Schaum bildet. In ein Highballglas auf frisches Eis abseihen und mit der eiskalten Cola aufgießen. Zum Schluss vorsichtig umrühren.

Tipp:

Eine Scheibe Zitrone darüber ausdrücken und hineinfallen lassen.

Saketini

Martini auf japanisch. Er glänzt durch seine exotische frische und Schärfe!

Zutaten:

- 6 cl Gin
- 1 cl Sake

Zubereitung:

Die beiden Zutaten in einen Shaker geben und gut schütteln. In ein bereits gekühltes Martiniglas abseihen und gegebenenfalls mit einer Spirale aus Zitronenschale garnieren.

Tipp:

Der Sake, den es im Supermarkt zu kaufen gibt, ist häufig eher zum Kochen geeignet. Der Weg in den Asia-Laden lohnt also.

Alabama Slammer

Ein süßer Cocktail mit Sloe Gin.

Zutaten:

- 2 cl Sloe Gin
- 2 cl Amaretto
- 2 cl Southern Comfort
- 4 cl Orangensaft

Zubereitung:

Alle Zutaten mit reichlich Eis in den Cocktailshaker geben und gut schütteln. In ein Highballglas abseihen.

Tipp:

Für eine verschärfte Variante nimmt man Wodka statt Amaretto.

Lychee Martini

Eine letzte Martini-Variation.

Zutaten:

- 2,5 cl Gin
- 2,5 cl Zuckersirup
- 1 TL Litschisaft aus der Dose
- 1-2 Litschis aus der Dose

Zubereitung:

Den Gin, den Zuckersirup und den Litschisaft in den Shaker geben. Mit Eis auffüllen und gut schütteln. In ein gekühltes Martiniglas abseihen. Die Litschis hineinfallen lassen.

Tipp:

Frieren sie die Litschis ein, bevor sie sie in den Martini geben.

Florida Sling

Zum Abschluss noch eine Variante des Slings.

Zutaten:

- 4 cl Gin
- 2 cl Kirschlikör
- 2 cl Zitronensaft
- 4 cl Ananassaft
- Crushed Ice

Zubereitung:

Alle Zutaten in einen Cochtailshaker füllen und auf viel gründlich schütteln. Ein hohes Glas zur Hälfte mit Crushed Ice füllen und den Mix darauf abseihen.

Tipp:

Mit einer Maraschino-Kirsche garnieren.

Zum guten Schluss...

ICH HOFFE UNSERE REISE durch die Cocktailwelt hat Ihnen gefallen und Sie haben erfolgreich gelernt leckere Cocktails zu mixen. Wie bei jeder Disziplin, gilt: Übung macht den Meister. Je öfter Sie Cocktails mischen, umso routinierter werden Sie im Umgang mit dem Shaker. Dank der zahlreichen Rezepte und Anleitungen, können Sie jederzeit auf dieses Praxisbuch zurückgreifen und Ihr Wissen immer wieder auffrischen. Empfehlen Sie dieses Buch Freunden und Bekannten weiter oder laden Sie selbst zu einem vergnügungsreichen Cocktailabend ein. Machen Sie Ihren Liebsten eine Freude und nutzen Sie „Cocktails für zu Hause[--richtigen-Buchtitel-einfügen--]" als besondere Geschenkidee. Ich bedanke mich bei Ihnen für den Kauf dieses Buches und wünsche Ihnen weiterhin viel Erfolg beim Cocktail-Mixen!

Impressum

Calvin Williams wird vertreten durch:

Finn Dubbels
Nagelsweg 22a
20097 Hamburg

Coverbilder
[Albachiaraa] | [depositphotos.com]
bearbeitet von OliviaProDesign –fiverr.com

Haftung für externe Links
Das Buch enthält Links zu externen Webseiten Dritter, auf deren Inhalt der Autor keinen Einfluss hat. Deshalb kann für die Inhalte externer Inhalte keine Gewähr übernommen werden. Für die Inhalte der verlinkten Webseiten ist der jeweilige Anbieter oder Betreiber der Webseite verantwortlich. Die verlinkten Seiten wurden zum Zeitpunkt der Verlinkung auf mögliche Rechtsverstöße überprüft. Rechtswidrige Inhalte waren zum Zeitpunkt der Verlinkung nicht erkennbar. Eine permanente inhaltliche Kontrolle der verlinkten Webseiten ist jedoch ohne konkrete Anhaltspunkte einer Rechtsverletzung nicht zumutbar. Bei Bekanntwerden von Rechtsverletzungen werden derartige Links umgehend entfernt.

Printed in Germany
by Amazon Distribution
GmbH, Leipzig

21571871R00139